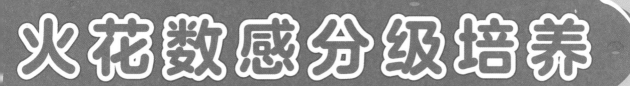

火花数感分级培养

第五级

大数加减法

火花思维研发中心　编

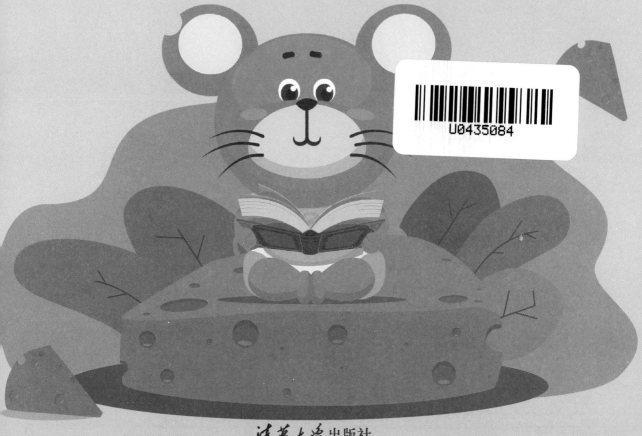

清華大學出版社
北京

版权所有，侵权必究。举报：010-62782989，beiqinquan@tup.tsinghua.edu.cn。

图书在版编目（CIP）数据

火花数感分级培养. 第五级：大数加减法 / 火花思维研发中心编. — 北京：清华大学出版社，2021.1（2024.3重印）

ISBN 978-7-302-56635-9

Ⅰ.①火… Ⅱ.①火… Ⅲ.①数学课—学前教育—教学参考资料 Ⅳ.① G613.4

中国版本图书馆 CIP 数据核字 (2020) 第 193146 号

责任编辑：	张　宇
封面设计：	马术明
责任校对：	赵丽敏
责任印制：	宋　林

出版发行：清华大学出版社
　　网　　址：https://www.tup.com.cn，https://www.wqxuetang.com
　　地　　址：北京清华大学学研大厦 A 座　　邮　　编：100084
　　社 总 机：010-83470000　　邮　　购：010-62786544
　　投稿与读者服务：010-62776969，c-service@tup.tsinghua.edu.cn
　　质量反馈：010-62772015，zhiliang@tup.tsinghua.edu.cn
印 装 者：小森印刷（北京）有限公司
经　　销：全国新华书店
开　　本：185mm×260mm　　印　张：15　　字　数：403 千字
版　　次：2021 年 1 月第 1 版　　印　次：2024 年 3 月第 10 次印刷
定　　价：65.00 元（全三册）

产品编号：089685-02

前 言

> 数感是学习数学和其他学科的重要基础，数感的强弱直接影响孩子的学习质量。

"火花数感分级培养"系列图书致力于培养**2~9岁儿童**的数感，满足从认形、识数到会算、巧算、速算的各阶段需求。从"量、速、法"3个方面训练，用30天**趣味基础**、35天**进阶提升**、35天**巅峰实战**，共用100天培养孩子的数感，提升孩子的运算能力，帮助孩子掌握计算本源，为熟练解决问题夯实基础。

数感能力对标提升，六大优势实力护航

★ 更系统
根据2~9岁年龄段特点划分为7个级别（1~7级），学生按需挑选练习。小学阶段更有巧算和速算丛书额外加持，加、减、乘、除轻松掌握！

★ 更精准
100天计算目标精准拆解，每日训练触手可及，手动记录成长点滴，获得满满的成就感！

★ 更科学
3个阶段难度循序渐进，科学选取每道题目，贴心搭配学习指引，设计目标更清晰。因为科学，所以放心！

★ 更专业
20年计算领域专家经验沉淀，百人教研团队智慧结晶，一线教学老师经验分享。专业团队编写专业书籍！

★ 趣味多
3位原创角色同行，做题不再索然无味，趣味设计激发学习兴趣，爱不释手才能结缘更多题目。亲子趣味小游戏，互动感满满！

★ 小彩蛋
拼图游戏收尾，1本书拼出1个奖励物，每个级别收获1个主题。解锁更多挑战，遇见更多惊喜！

通过坚持训练，可以提升孩子的数感。即刻翻开此书，开始数感进阶之旅吧！

数感培养

什么是数感？

数感是指人们具有对数字之间关联的意识以及灵活解决与数相关问题的能力。孩子具有"数感"的典型特征是其能对遇到的数字模式和计算过程做出归纳，并能将新旧知识融会贯通。

数感培养重要吗？

非常重要！

数感需要花时间和精力培养吗？

培养数感，不仅是在培养孩子对数学的理解力，也是在培养积极的学习态度和信心，对儿童思维的构建有至关重要的影响。

数感是孩子对世界最初级的抽象认识。

生活中该如何进行数感培养？

幼儿阶段，是数感培养的关键期。数感比较好的孩子，在认识数字8时，能够理解它既是物体的总数，又是7之后9之前的数字，也可以看作是"4+4""3+5"以及"2+2+2+2"的结果，还可以从多少、大小和其他语言表达中体现出来。这个过程的培养，一定要借助实物，用**看得见**、**摸得着**的事物去感知，感受这些数在生活中的真实存在，理解它们之间的顺序、数量等关系，从而引发思考。幼儿思维启蒙的第一扇窗便由此开启。

小学阶段，在进行诸如"49+57""52-18"运算时，数感好的孩子能够通过观察特征，采用计算**策略**进行快速口算。这种技能的掌握，不是机械记忆，而是基于识"形"。根据不同数对应的**"形"**，由具象到抽象，更深刻地理解数量之间的变化关系。孩子灵活解决问题的能力，直接影响其本身的思维变通性。

鼓励孩子进行心算、观察数字模式、预测计算结果，并巧妙运用数字之间的联系，这是数感培养的方向和目标。

使用说明

为了更好地使用本套丛书，高效提升孩子的数感能力，家长可配合孩子参考如下方式进行系统练习。

★ 练习

用时间见证成长，每日计划练不停。

★ 记录

记录每天用时，坚持自我评价，培养自我管理能力。

★ 学习指引

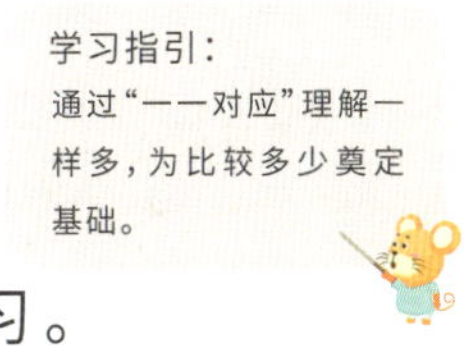

学习指引：
通过"一一对应"理解一样多，为比较多少奠定基础。

家长可按需指导孩子启发式训练，孩子可按照指引自主开展针对性练习。

★ 亲子游戏

亲子小游戏

寓教于乐，互动式学习与实感计算。

★ 拼图游戏

重组所有卡片，召唤神秘惊喜。

目录

- 一、数的组成 1
- 二、两位数不进位加法竖式 7
- 三、两位数进位加法竖式 21
- 四、两位数不退位减法竖式 33
- 五、两位数退位减法竖式 43
- 六、综合测试 56
- 七、拼图游戏 61
- 八、成长记录 64
- 九、答案 66

一、数的组成

（一）

1 填一填。

(1) 上图表示（　　）个十和（　　）个一。

学习指引：
通过观察实物，从具象到抽象，充分感受和理解数的组成。

(2) 上图表示（　　）个十和（　　）个一。

(3) 上图表示（　　）个十和（　　）个一。

(4) 上图表示（　　）个十和（　　）个一。

(5) 上图表示（　　）个十和（　　）个一。

一、数的组成

 ___月___日

第1天

2. 圈一圈。

（1）请你圈出 **35** 个山楂。

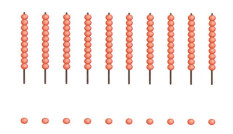

（2）请你圈出 **78** 支笔。

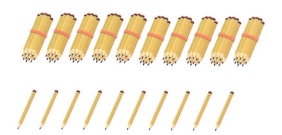

（3）请你圈出 **56** 根香蕉。

（4）请你圈出 **69** 颗草莓。

（5）请你圈出 **82** 个桃子。

自我评价：   　　用时：_____

___月___日

一、数的组成

（二）

 填一填。

(1) **1**个十是（　　　）　　　(2) **6**个十是（　　　）

(3) **5**个十和**1**个一是（　　　）　　(4) **6**个十和**5**个一是（　　　）

(5) **8**个十和**7**个一是（　　　）　　(6) **10**个十是（　　　）

(7) **8**个十和**8**个一是（　　　）　　(8) **7**个十和**9**个一是（　　　）

(9) **1**个十和**4**个一是（　　　）　　(10) **3**个十和**3**个一是（　　　）

(11) **5**个十和**8**个一是（　　　）　　(12) **6**个十和**7**个一是（　　　）

(13) **6**个十和**9**个一是（　　　）　　(14) **7**个十和**8**个一是（　　　）

(15) **8**个十和**5**个一是（　　　）　　(16) **9**个十和**8**个一是（　　　）

(17) **9**个十和**6**个一是（　　　）　　(18) **8**个十和**3**个一是（　　　）

(19) **2**个十和**5**个一是（　　　）　　(20) **1**个十和**8**个一是（　　　）

自我评价： 用时：_____

一、数的组成

（三）

填一填。

(1) **1**个十是**10**个（　　　）

(2) **10**个一是**1**个（　　　）

学习指引：
理解数的组成，为学习数位知识奠定基础。

(3) **10**个十是**1**个（　　　）

(4) **100**个一是（　　　）个十

(5) （　　　）个一是**100**

(6) （　　　）个十是**100**

(7) **20**是由（　　　）个十组成的

(8) **80**是由（　　　）个十组成的

(9) **70**是由（　　　）个十组成的

(10) **65**是由（　　　）个十和（　　　）个一组成的

一、数的组成

第 3 天

(11) **88**是由（　　）个十和（　　）个一组成的

(12) **89**个位上的数是（　　），十位上的数是（　　）

(13) **95**个位上的数是（　　），十位上的数是（　　）

(14) **23**个位上的数是（　　），十位上的数是（　　）

(15) **56**个位上的数是（　　），十位上的数是（　　）

(16) **76**个位上的数是（　　），十位上的数是（　　）

(17) 一个两位数，个位上的数是**7**，十位上的数是**6**，这个数是（　　）

(18) 一个两位数，个位上的数是**6**，十位上的数是**3**，这个数是（　　）

(19) 一个两位数，个位上的数是**8**，十位上的数是**5**，这个数是（　　）

(20) 一个两位数，个位上的数是**7**，十位上的数是**5**，这个数是（　　）

自我评价：   　　用时：_____

（四）

判断对错。（对的打"√"，错的打"×"）

（1）10个一是10　（　　　）

（2）71个位上的数是7　（　　　）

（3）10是一位数　（　　　）

（4）25中的2表示2个一　（　　　）

（5）82十位上的数是8　（　　　）

（6）62是两位数　（　　　）

（7）20个一是20　（　　　）

（8）32由2个十和3个一组成　（　　　）

（9）6个十和7个一组成的数是67　（　　　）

（10）1个十和5个一组成的数是51　（　　　）

（11）8个十是80　（　　　）

（12）56里有5个十和6个一　（　　　）

"√"还是"×"

自我评价：用时：_____

___月___日

二、两位数不进位加法竖式

两位数加一位数

 算一算，写一写。

示例：11 + 2 = 13

```
  十位 个位          十位 个位          十位 个位
   1  1             1  1             1  1
+     2          +     2          +     2
--------         --------         --------
                       3             1  3
```

第 5 天

12 + 3 = ☐
```
   1  2
+     3
--------
```

17 + 2 = ☐
```
   1  7
+     2
--------
```

18 + 1 = ☐
```
   1  8
+     1
--------
```

13 + 5 = ☐
```
   1  3
+     5
--------
```

26 + 2 = ☐
```
   2  6
+     2
--------
```

23 + 4 = ☐
```
   2  3
+     4
--------
```

21 + 6 = ☐
```
   2  1
+     6
--------
```

22 + 5 = ☐
```
   2  2
+     5
--------
```

学习指引：
列竖式时，相同数位要对齐，从个位加起，个位上的数加个位上的数，十位上的数加十位上的数。

二、两位数不进位加法竖式

___月 ___日

第5天

$25+3=\square$

$$\begin{array}{r} 2\ 5 \\ +\quad 3 \\ \hline \end{array}$$

$26+3=\square$

$$\begin{array}{r} 2\ 6 \\ +\quad 3 \\ \hline \end{array}$$

$23+2=\square$

$$\begin{array}{r} 2\ 3 \\ +\quad 2 \\ \hline \end{array}$$

$23+6=\square$

$$\begin{array}{r} 2\ 3 \\ +\quad 6 \\ \hline \end{array}$$

$31+8=\square$

$$\begin{array}{r} 3\ 1 \\ +\quad 8 \\ \hline \end{array}$$

$42+6=\square$

$$\begin{array}{r} 4\ 2 \\ +\quad 6 \\ \hline \end{array}$$

$35+1=\square$

$$\begin{array}{r} 3\ 5 \\ +\quad 1 \\ \hline \end{array}$$

$32+7=\square$

$$\begin{array}{r} 3\ 2 \\ +\quad 7 \\ \hline \end{array}$$

$21+8=\square$

$$\begin{array}{r} 2\ 1 \\ +\quad 8 \\ \hline \end{array}$$

$35+3=\square$

$$\begin{array}{r} 3\ 5 \\ +\quad 3 \\ \hline \end{array}$$

$31+7=\square$

$$\begin{array}{r} 3\ 1 \\ +\quad 7 \\ \hline \end{array}$$

自我评价：

用时：______

二、两位数不进位加法竖式

两位数加两位数（一）

 算一算，写一写。

10+23=□   20+18=□   20+22=□

```
   1 0        2 0        2 0
 + 2 3      + 1 8      + 2 2
 ─────      ─────      ─────
```

20+15=□   30+18=□   30+14=□

```
   2 0        3 0        3 0
 + 1 5      + 1 8      + 1 4
 ─────      ─────      ─────
```

20+23=□   10+35=□   10+28=□

```
   2 0        1 0        1 0
 + 2 3      + 3 5      + 2 8
 ─────      ─────      ─────
```

20+19=□   10+29=□

```
   2 0        1 0
 + 1 9      + 2 9
 ─────      ─────
```

第 6 天

学习指引：
列竖式计算两位数加两位数时，相同数位要对齐，从个位加起，个位上的数加个位上的数，十位上的数加十位上的数。

二、两位数不进位加法竖式

10+39=☐   20+11=☐   20+14=☐

```
  1 0         2 0         2 0
+ 3 9       + 1 1       + 1 4
———         ———         ———
```

10+37=☐   20+19=☐   10+16=☐

```
  1 0         2 0         1 0
+ 3 7       + 1 9       + 1 6
———         ———         ———
```

30+19=☐   30+15=☐   10+21=☐

```
  3 0         3 0         1 0
+ 1 9       + 1 5       + 2 1
———         ———         ———
```

30+17=☐   30+12=☐

```
  3 0         3 0
+ 1 7       + 1 2
———         ———
```

自我评价： 用时：_____

 月 日

两位数加两位数（二）

算一算，写一写。

14+30=☐   28+20=☐   11+20=☐

```
  1 4           2 8           1 1
+ 3 0         + 2 0         + 2 0
-------       -------       -------
```

12+20=☐   18+10=☐   19+30=☐

```
  1 2           1 8           1 9
+ 2 0         + 1 0         + 3 0
-------       -------       -------
```

15+30=☐   16+30=☐   22+20=☐

```
  1 5           1 6           2 2
+ 3 0         + 3 0         + 2 0
-------       -------       -------
```

17+30=☐   15+20=☐

```
  1 7           1 5
+ 3 0         + 2 0
-------       -------
```

第 7 天

二、两位数不进位加法竖式

第 7 天

36+10=□

```
   3 6
+  1 0
-------
```

13+20=□

```
   1 3
+  2 0
-------
```

25+20=□

```
   2 5
+  2 0
-------
```

39+10=□

```
   3 9
+  1 0
-------
```

17+20=□

```
   1 7
+  2 0
-------
```

35+10=□

```
   3 5
+  1 0
-------
```

21+20=□

```
   2 1
+  2 0
-------
```

12+30=□

```
   1 2
+  3 0
-------
```

27+20=□

```
   2 7
+  2 0
-------
```

18+30=□

```
   1 8
+  3 0
-------
```

21+10=□

```
   2 1
+  1 0
-------
```

自我评价: 用时:_____

二、两位数不进位加法竖式

两位数加两位数（三）

 算一算，写一写。

25 + 13 = ☐

```
   2 5
+  1 3
───────
```

14 + 24 = ☐

```
   1 4
+  2 4
───────
```

16 + 23 = ☐

```
   1 6
+  2 3
───────
```

第 8 天

15 + 14 = ☐

```
   1 5
+  1 4
───────
```

32 + 17 = ☐

```
   3 2
+  1 7
───────
```

25 + 22 = ☐

```
   2 5
+  2 2
───────
```

15 + 33 = ☐

```
   1 5
+  3 3
───────
```

21 + 12 = ☐

```
   2 1
+  1 2
───────
```

32 + 11 = ☐

```
   3 2
+  1 1
───────
```

23 + 15 = ☐

```
   2 3
+  1 5
───────
```

二、两位数不进位加法竖式

第8天

25+14=□

```
   2 5
 + 1 4
 ─────
```

21+18=□

```
   2 1
 + 1 8
 ─────
```

34+12=□

```
   3 4
 + 1 2
 ─────
```

23+13=□

```
   2 3
 + 1 3
 ─────
```

28+21=□

```
   2 8
 + 2 1
 ─────
```

17+22=□

```
   1 7
 + 2 2
 ─────
```

24+15=□

```
   2 4
 + 1 5
 ─────
```

14+23=□

```
   1 4
 + 2 3
 ─────
```

35+11=□

```
   3 5
 + 1 1
 ─────
```

22+13=□

```
   2 2
 + 1 3
 ─────
```

15+12=□

```
   1 5
 + 1 2
 ─────
```

自我评价：

用时：______

二、两位数不进位加法竖式

两位数加两位数（四）

 算一算，写一写。

18 + 31 = ☐   25 + 22 = ☐   24 + 24 = ☐

```
  1 8        2 5        2 4
+ 3 1      + 2 2      + 2 4
------     ------     ------
```

33 + 12 = ☐   26 + 12 = ☐   12 + 13 = ☐

```
  3 3        2 6        1 2
+ 1 2      + 1 2      + 1 3
------     ------     ------
```

26 + 11 = ☐   35 + 13 = ☐   24 + 25 = ☐

```
  2 6        3 5        2 4
+ 1 1      + 1 3      + 2 5
------     ------     ------
```

25 + 21 = ☐

```
  2 5
+ 2 1
------
```

第 9 天

二、两位数不进位加法竖式

17 + 21 =   　　　27 + 22 =   　　　22 + 16 =

```
  1 7          2 7          2 2
+ 2 1        + 2 2        + 1 6
-----        -----        -----
```

16 + 13 =   　　　31 + 15 =   　　　25 + 23 =

```
  1 6          3 1          2 5
+ 1 3        + 1 5        + 2 3
-----        -----        -----
```

16 + 12 =   　　　14 + 15 =   　　　17 + 12 =

```
  1 6          1 4          1 7
+ 1 2        + 1 5        + 1 2
-----        -----        -----
```

14 + 22 =   　　　21 + 18 =

```
  1 4          2 1
+ 2 2        + 1 8
-----        -----
```

自我评价: 用时: _____

___月___日

二、两位数不进位加法竖式

综合练习（一）

 算一算，写一写。

12+7＝☐

   1 2
+   7
―――

15+3＝☐

   1 5
+   3
―――

26+3＝☐

   2 6
+   3
―――

24+5＝☐

   2 4
+   5
―――

20+24＝☐

   2 0
+ 2 4
―――

10+28＝☐

   1 0
+ 2 8
―――

30+16＝☐

   3 0
+ 1 6
―――

20+19＝☐

   2 0
+ 1 9
―――

第10天

二、两位数不进位加法竖式

18 + 20 = ☐

```
   1 8
+  2 0
───────
```

35 + 10 = ☐

```
   3 5
+  1 0
───────
```

26 + 20 = ☐

```
   2 6
+  2 0
───────
```

16 + 30 = ☐

```
   1 6
+  3 0
───────
```

17 + 22 = ☐

```
   1 7
+  2 2
───────
```

12 + 26 = ☐

```
   1 2
+  2 6
───────
```

23 + 15 = ☐

```
   2 3
+  1 5
───────
```

32 + 16 = ☐

```
   3 2
+  1 6
───────
```

自我评价: 用时：_____

综合练习（二）

算一算，写一写。

23+5=

　　2 3
＋　　5
―――――

25+4=

　　2 5
＋　　4
―――――

16+2=

　　1 6
＋　　2
―――――

14+4=

　　1 4
＋　　4
―――――

13+23=

　　1 3
＋ 2 3
―――――

34+13=

　　3 4
＋ 1 3
―――――

12+32=

　　1 2
＋ 3 2
―――――

12+23=

　　1 2
＋ 2 3
―――――

二、两位数不进位加法竖式

23+15=☐ 13+26=☐

　2 3　　　　　1 3
＋ 1 5　　　＋ 2 6
―――　　　　―――

31+11=☐ 24+13=☐

　3 1　　　　　2 4
＋ 1 1　　　＋ 1 3
―――　　　　―――

16+20=☐ 29+10=☐

　1 6　　　　　2 9
＋ 2 0　　　＋ 1 0
―――　　　　―――

15+30=☐ 21+20=☐

　1 5　　　　　2 1
＋ 3 0　　　＋ 2 0
―――　　　　―――

自我评价： 用时：_____

三、两位数进位加法竖式

两位数加一位数（一）

 算一算，写一写。

示例：18 + 3 = **21**

```
 十位 个位        十位 个位        十位 个位
   1  8           1  8            1  8
+     3       +      3        +      3
              ————————        ————————
                  1               2  1
```

17 + 6 = ☐
```
  1  7
+    6
```

25 + 9 = ☐
```
  2  5
+    9
```

16 + 5 = ☐
```
  1  6
+    5
```

12 + 9 = ☐
```
  1  2
+    9
```

28 + 9 = ☐
```
  2  8
+    9
```

28 + 7 = ☐
```
  2  8
+    7
```

25 + 6 = ☐
```
  2  5
+    6
```

学习指引：
用竖式计算两位数的进位加法，相同数位要对齐，从个位加起，个位相加满10向十位进1，进位可以做标记，计算十位加上1。

第 12 天

___月 ___日

第12天

$35+7=\square$

$$\begin{array}{r} 35 \\ +\ \ 7 \\ \hline \end{array}$$

$18+6=\square$

$$\begin{array}{r} 18 \\ +\ \ 6 \\ \hline \end{array}$$

$19+7=\square$

$$\begin{array}{r} 19 \\ +\ \ 7 \\ \hline \end{array}$$

$18+9=\square$

$$\begin{array}{r} 18 \\ +\ \ 9 \\ \hline \end{array}$$

$27+4=\square$

$$\begin{array}{r} 27 \\ +\ \ 4 \\ \hline \end{array}$$

$39+3=\square$

$$\begin{array}{r} 39 \\ +\ \ 3 \\ \hline \end{array}$$

$28+4=\square$

$$\begin{array}{r} 28 \\ +\ \ 4 \\ \hline \end{array}$$

$36+7=\square$

$$\begin{array}{r} 36 \\ +\ \ 7 \\ \hline \end{array}$$

$35+9=\square$

$$\begin{array}{r} 35 \\ +\ \ 9 \\ \hline \end{array}$$

$24+8=\square$

$$\begin{array}{r} 24 \\ +\ \ 8 \\ \hline \end{array}$$

$27+6=\square$

$$\begin{array}{r} 27 \\ +\ \ 6 \\ \hline \end{array}$$

$25+8=\square$

$$\begin{array}{r} 25 \\ +\ \ 8 \\ \hline \end{array}$$

自我评价：

用时：______

三、两位数进位加法竖式

两位数加一位数（二）

 算一算，写一写。

29+7=☐   37+5=☐   25+6=☐

```
   2 9        3 7        2 5
+    7     +    5     +    6
-------    -------    -------
```

27+8=☐   15+9=☐   36+7=☐

```
   2 7        1 5        3 6
+    8     +    9     +    7
-------    -------    -------
```

28+6=☐   23+8=☐   28+3=☐

```
   2 8        2 3        2 8
+    6     +    8     +    3
-------    -------    -------
```

36+6=☐   24+8=☐

```
   3 6        2 4
+    6     +    8
-------    -------
```

三、两位数进位加法竖式

26 + 5 = □

```
   2 6
+    5
_____
```

35 + 7 = □

```
   3 5
+    7
_____
```

27 + 4 = □

```
   2 7
+    4
_____
```

19 + 5 = □

```
   1 9
+    5
_____
```

32 + 9 = □

```
   3 2
+    9
_____
```

39 + 2 = □

```
   3 9
+    2
_____
```

16 + 8 = □

```
   1 6
+    8
_____
```

28 + 6 = □

```
   2 8
+    6
_____
```

37 + 7 = □

```
   3 7
+    7
_____
```

17 + 9 = □

```
   1 7
+    9
_____
```

25 + 7 = □

```
   2 5
+    7
_____
```

第13天

自我评价: 用时:_____

两位数加一位数（三）

算一算，写一写。

18＋2＝□

  1 8
＋ 2
———

23＋7＝□

  2 3
＋ 7
———

25＋5＝□

  2 5
＋ 5
———

16＋4＝□

  1 6
＋ 4
———

24＋6＝□

  2 4
＋ 6
———

32＋8＝□

  3 2
＋ 8
———

29＋1＝□

  2 9
＋ 1
———

31＋9＝□

  3 1
＋ 9
———

27＋3＝□

  2 7
＋ 3
———

35＋5＝□

  3 5
＋ 5
———

___月 ___日

第14天

34+6= □

```
  3 4
+   6
-----
```

19+1= □

```
  1 9
+   1
-----
```

28+2= □

```
  2 8
+   2
-----
```

45+5= □

```
  4 5
+   5
-----
```

49+1= □

```
  4 9
+   1
-----
```

47+3= □

```
  4 7
+   3
-----
```

46+4= □

```
  4 6
+   4
-----
```

38+2= □

```
  3 8
+   2
-----
```

41+9= □

```
  4 1
+   9
-----
```

36+4= □

```
  3 6
+   4
-----
```

自我评价：

用时：______

两位数加两位数（一）

🐭 算一算，写一写。

示例：15+27= 42

十位 个位		十位 个位		十位 个位
1 5	→	1 5	→	1 5
+ 2 7		+ 2 7₁		+ 2 7₁
———		———		———
		2		4 2

23+18= ☐   28+14= ☐   19+22= ☐

```
  2 3        2 8        1 9
+ 1 8      + 1 4      + 2 2
-----      -----      -----
```

22+29= ☐   24+17= ☐   27+14= ☐

```
  2 2        2 4        2 7
+ 2 9      + 1 7      + 1 4
-----      -----      -----
```

27+19= ☐   13+18= ☐

```
  2 7        1 3
+ 1 9      + 1 8
-----      -----
```

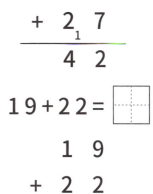

三、两位数进位加法竖式

29 + 16 = ☐   16 + 28 = ☐   18 + 26 = ☐
```
  2 9          1 6            1 8
+ 1 6        + 2 8          + 2 6
-----        -----          -----
```

18 + 28 = ☐   19 + 19 = ☐   16 + 26 = ☐
```
  1 8          1 9            1 6
+ 2 8        + 1 9          + 2 6
-----        -----          -----
```

25 + 19 = ☐   28 + 19 = ☐   29 + 18 = ☐
```
  2 5          2 8            2 9
+ 1 9        + 1 9          + 1 8
-----        -----          -----
```

29 + 19 = ☐   29 + 13 = ☐   15 + 19 = ☐
```
  2 9          2 9            1 5
+ 1 9        + 1 3          + 1 9
-----        -----          -----
```

自我评价:    用时：_____

三、两位数进位加法竖式

两位数加两位数（二）

算一算，写一写。

18 + 17 =
   1 8
+ 1 7
―――――

19 + 24 =
   1 9
+ 2 4
―――――

29 + 14 =
   2 9
+ 1 4
―――――

28 + 14 =
   2 8
+ 1 4
―――――

27 + 16 =
   2 7
+ 1 6
―――――

26 + 15 =
   2 6
+ 1 5
―――――

26 + 17 =
   2 6
+ 1 7
―――――

24 + 18 =
   2 4
+ 1 8
―――――

27 + 18 =
   2 7
+ 1 8
―――――

28 + 16 =
   2 8
+ 1 6
―――――

第 16 天

三、两位数进位加法竖式

27+15=□　　18+14=□　　19+23=□

　　２７　　　　　１８　　　　　１９
　＋１５　　　　＋１４　　　　＋２３
　―――　　　　―――　　　　―――

17+25=□　　25+19=□　　13+18=□

　　１７　　　　　２５　　　　　１３
　＋２５　　　　＋１９　　　　＋１８
　―――　　　　―――　　　　―――

24+19=□　　26+16=□　　17+17=□

　　２４　　　　　２６　　　　　１７
　＋１９　　　　＋１６　　　　＋１７
　―――　　　　―――　　　　―――

15+19=□

　　１５
　＋１９
　―――

 自我评价：   　　用时：_____

两位数加两位数（三）

算一算，写一写。

24+26=☐

  2 4
+ 2 6
———————

23+17=☐

  2 3
+ 1 7
———————

28+12=☐

  2 8
+ 1 2
———————

25+15=☐

  2 5
+ 1 5
———————

39+11=☐

  3 9
+ 1 1
———————

26+24=☐

  2 6
+ 2 4
———————

27+13=☐

  2 7
+ 1 3
———————

32+18=☐

  3 2
+ 1 8
———————

35+15=☐

  3 5
+ 1 5
———————

21+19=☐

  2 1
+ 1 9
———————

36+14=☐

  3 6
+ 1 4
———————

三、两位数进位加法竖式

18 + 12 = 19 + 11 = 32 + 18 =

```
   1 8        1 9        3 2
 + 1 2      + 1 1      + 1 8
 ──────     ──────     ──────
```

15 + 15 = 17 + 13 = 14 + 16 =

```
   1 5        1 7        1 4
 + 1 5      + 1 3      + 1 6
 ──────     ──────     ──────
```

12 + 18 = 33 + 17 = 34 + 16 =

```
   1 2        3 3        3 4
 + 1 8      + 1 7      + 1 6
 ──────     ──────     ──────
```

25 + 25 = 22 + 18 =

```
   2 5        2 2
 + 2 5      + 1 8
 ──────     ──────
```

自我评价： 用时：_____

四、两位数不退位减法竖式

两位数减一位数（一）

 算一算，写一写。

示例：

49 − 1 = 48

十位 个位
```
  4 9
−   1
─────
  4 8
```

39 − 5 = ☐

```
  3 9
−   5
─────
```

29 − 7 = ☐

```
  2 9
−   7
─────
```

18 − 6 = ☐

```
  1 8
−   6
─────
```

16 − 3 = ☐

```
  1 6
−   3
─────
```

25 − 2 = ☐

```
  2 5
−   2
─────
```

27 − 4 = ☐

```
  2 7
−   4
─────
```

19 − 8 = ☐

```
  1 9
−   8
─────
```

35 − 3 = ☐

```
  3 5
−   3
─────
```

46 − 5 = ☐

```
  4 6
−   5
─────
```

学习指引：
用竖式计算两位数减一位数，数位要对齐，从个位算起，个位上的数减个位上的数，十位上的数减十位上的数。

第18天

四、两位数不退位减法竖式

27 − 5 = 48 − 4 = 17 − 3 =

```
  2 7        4 8        1 7
−   5      −   4      −   3
─────      ─────      ─────
```

24 − 2 = 38 − 5 = 18 − 3 =

```
  2 4        3 8        1 8
−   2      −   5      −   3
─────      ─────      ─────
```

26 − 4 = 37 − 2 = 29 − 2 =

```
  2 6        3 7        2 9
−   4      −   2      −   2
─────      ─────      ─────
```

28 − 3 =

```
  2 8
−   3
─────
```

第18天

自我评价：   　　用时：_____

四、两位数不退位减法竖式

两位数减一位数（二）

 算一算，写一写。

28 − 2 = 　　　　37 − 5 = 　　　　36 − 1 =

```
   2 8          3 7          3 6
 −   2        −   5        −   1
 ─────        ─────        ─────
```

47 − 3 = 　　　　38 − 7 = 　　　　45 − 4 =

```
   4 7          3 8          4 5
 −   3        −   7        −   4
 ─────        ─────        ─────
```

34 − 3 = 　　　　23 − 2 = 　　　　44 − 4 =

```
   3 4          2 3          4 4
 −   3        −   2        −   4
 ─────        ─────        ─────
```

36 − 6 = 　　　　39 − 7 =

```
   3 6          3 9
 −   6        −   7
 ─────        ─────
```

四、两位数不退位减法竖式

___月___日

29 − 3 =   48 − 8 =   19 − 8 =

$$\begin{array}{r} 2\ 9 \\ -\ \ \ 3 \\ \hline \end{array}$$ $$\begin{array}{r} 4\ 8 \\ -\ \ \ 8 \\ \hline \end{array}$$ $$\begin{array}{r} 1\ 9 \\ -\ \ \ 8 \\ \hline \end{array}$$

29 − 9 =   49 − 7 =   39 − 3 =

$$\begin{array}{r} 2\ 9 \\ -\ \ \ 9 \\ \hline \end{array}$$ $$\begin{array}{r} 4\ 9 \\ -\ \ \ 7 \\ \hline \end{array}$$ $$\begin{array}{r} 3\ 9 \\ -\ \ \ 3 \\ \hline \end{array}$$

29 − 6 =   38 − 6 =   42 − 2 =

$$\begin{array}{r} 2\ 9 \\ -\ \ \ 6 \\ \hline \end{array}$$ $$\begin{array}{r} 3\ 8 \\ -\ \ \ 6 \\ \hline \end{array}$$ $$\begin{array}{r} 4\ 2 \\ -\ \ \ 2 \\ \hline \end{array}$$

17 − 7 =   26 − 5 =

$$\begin{array}{r} 1\ 7 \\ -\ \ \ 7 \\ \hline \end{array}$$ $$\begin{array}{r} 2\ 6 \\ -\ \ \ 5 \\ \hline \end{array}$$

第19天

自我评价: 用时：_____

__月__日

四、两位数不退位减法竖式

两位数减两位数（一）

🐭 算一算，写一写。

27－10=☐   36－20=☐   45－30=☐

  2 7　　　　　3 6　　　　　4 5
 －1 0　　　　－2 0　　　　－3 0
 ─────　　　─────　　　─────

28－10=☐   47－30=☐   39－20=☐

  2 8　　　　　4 7　　　　　3 9
 －1 0　　　　－3 0　　　　－2 0
 ─────　　　─────　　　─────

38－10=☐   23－10=☐   38－20=☐

  3 8　　　　　2 3　　　　　3 8
 －1 0　　　　－1 0　　　　－2 0
 ─────　　　─────　　　─────

25－10=☐   48－20=☐

  2 5　　　　　4 8
 －1 0　　　　－2 0
 ─────　　　─────

第20天

学习指引：
用竖式计算两位数减两位数，相同数位要对齐，个位上的数减个位上的数，十位上的数减十位上的数。

四、两位数不退位减法竖式

$46 - 40 =$ ☐

```
   4 6
 - 4 0
 ─────
```

$33 - 30 =$ ☐

```
   3 3
 - 3 0
 ─────
```

$21 - 20 =$ ☐

```
   2 1
 - 2 0
 ─────
```

$39 - 30 =$ ☐

```
   3 9
 - 3 0
 ─────
```

$42 - 40 =$ ☐

```
   4 2
 - 4 0
 ─────
```

$22 - 20 =$ ☐

```
   2 2
 - 2 0
 ─────
```

$28 - 20 =$ ☐

```
   2 8
 - 2 0
 ─────
```

$31 - 30 =$ ☐

```
   3 1
 - 3 0
 ─────
```

$26 - 20 =$ ☐

```
   2 6
 - 2 0
 ─────
```

$34 - 30 =$ ☐

```
   3 4
 - 3 0
 ─────
```

$18 - 10 =$ ☐

```
   1 8
 - 1 0
 ─────
```

自我评价: 用时:_____

四、两位数不退位减法竖式

两位数减两位数（二）

🐭 算一算，写一写。

28 − 14 = ☐

   2 8
− 1 4
─────

36 − 23 = ☐

   3 6
− 2 3
─────

47 − 24 = ☐

   4 7
− 2 4
─────

25 − 13 = ☐

   2 5
− 1 3
─────

34 − 22 = ☐

   3 4
− 2 2
─────

35 − 11 = ☐

   3 5
− 1 1
─────

48 − 25 = ☐

   4 8
− 2 5
─────

38 − 13 = ☐

   3 8
− 1 3
─────

29 − 16 = ☐

   2 9
− 1 6
─────

39 − 15 = ☐

   3 9
− 1 5
─────

第21天

四、两位数不退位减法竖式

47－13=☐   26－12=☐   38－16=☐

```
  4 7        2 6        3 8
－1 3      －1 2      －1 6
─────      ─────      ─────
```

46－24=☐   37－25=☐   49－21=☐

```
  4 6        3 7        4 9
－2 4      －2 5      －2 1
─────      ─────      ─────
```

49－18=☐   28－17=☐   35－14=☐

```
  4 9        2 8        3 5
－1 8      －1 7      －1 4
─────      ─────      ─────
```

38－11=☐   36－12=☐

```
  3 8        3 6
－1 1      －1 2
─────      ─────
```

自我评价：   用时：_____

四、两位数不退位减法竖式

两位数减两位数（三）

算一算，写一写。

36－15＝□　　29－17＝□　　32－11＝□

```
   3 6         2 9         3 2
 - 1 5       - 1 7       - 1 1
 ─────       ─────       ─────
```

43－22＝□　　38－27＝□　　45－24＝□

```
   4 3         3 8         4 5
 - 2 2       - 2 7       - 2 4
 ─────       ─────       ─────
```

37－16＝□　　26－15＝□　　48－37＝□

```
   3 7         2 6         4 8
 - 1 6       - 1 5       - 3 7
 ─────       ─────       ─────
```

39－25＝□

```
   3 9
 - 2 5
 ─────
```

四、两位数不退位减法竖式

28－15=☐   37－25=☐   46－11=☐

　 2 8   　 3 7   　 4 6
－1 5   －2 5   －1 1
―――   ―――   ―――

29－14=☐   35－23=☐   46－13=☐

　 2 9   　 3 5   　 4 6
－1 4   －2 3   －1 3
―――   ―――   ―――

48－21=☐   35－24=☐   27－16=☐

　 4 8   　 3 5   　 2 7
－2 1   －2 4   －1 6
―――   ―――   ―――

36－15=☐   35－11=☐

　 3 6   　 3 5
－1 5   －1 1
―――   ―――

第22天

自我评价：   　　用时：_____

___月 ___日

五、两位数退位减法竖式

两位数减一位数（一）

算一算，写一写。

示例：20－9＝11

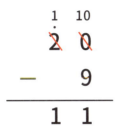

```
 1 10
 2  0
－  9
─────
    1
```

→

```
 1 10
 2  0
－  9
─────
 1  1
```

30－2＝

```
 3  0
－  2
─────
```

40－9＝

```
 4  0
－  9
─────
```

20－7＝

```
 2  0
－  7
─────
```

20－9＝

```
 2  0
－  9
─────
```

40－7＝

```
 4  0
－  7
─────
```

30－5＝

```
 3  0
－  5
─────
```

30－4＝

```
 3  0
－  4
─────
```

学习指引：

两位数减一位数，数位要对齐，从个位算起。个位不够减，从十位退1，退1当10。例题中，个位上0减9不够减，从十位退1，是10，10减9得1。

第23天

五、两位数退位减法竖式

___月___日

```
20 − 3 = ☐        30 − 7 = ☐        20 − 2 = ☐
   2 0              3 0              2 0
 −   3            −   7            −   2
 ───────          ───────          ───────

30 − 4 = ☐        30 − 3 = ☐        40 − 1 = ☐
   3 0              3 0              4 0
 −   4            −   3            −   1
 ───────          ───────          ───────

30 − 6 = ☐        20 − 5 = ☐        50 − 4 = ☐
   3 0              2 0              5 0
 −   6            −   5            −   4
 ───────          ───────          ───────

40 − 5 = ☐
   4 0
 −   5
 ───────
```

自我评价: 用时: _____

两位数减一位数（二）

 算一算，写一写。

21－2＝☐   23－4＝☐   46－7＝☐

　2 1   2 3   4 6
－   2   －   4   －   7
―――――   ―――――   ―――――

38－9＝☐   35－6＝☐   47－8＝☐

　3 8   3 5   4 7
－   9   －   6   －   8
―――――   ―――――   ―――――

27－8＝☐   37－9＝☐   25－7＝☐

　2 7   3 7   2 5
－   8   －   9   －   7
―――――   ―――――   ―――――

25－8＝☐

　2 5
－   8
―――――

五、两位数退位减法竖式

$35 - 6 =$ ☐ $25 - 9 =$ ☐ $34 - 5 =$ ☐

```
   3 5              2 5              3 4
 −   6            −   9            −   5
 ─────            ─────            ─────
```

$24 - 6 =$ ☐ $32 - 5 =$ ☐ $33 - 7 =$ ☐

```
   2 4              3 2              3 3
 −   6            −   5            −   7
 ─────            ─────            ─────
```

$28 - 9 =$ ☐ $31 - 4 =$ ☐ $32 - 6 =$ ☐

```
   2 8              3 1              3 2
 −   9            −   4            −   6
 ─────            ─────            ─────
```

$23 - 8 =$ ☐ $21 - 8 =$ ☐

```
   2 3              2 1
 −   8            −   8
 ─────            ─────
```

第 24 天

自我评价: 用时：_____

___月 ___日

两位数减一位数（三）

连一连。

$$\begin{array}{r} 46 \\ -\ \ 9 \\ \hline \end{array}$$

$$\begin{array}{r} 35 \\ -\ \ 7 \\ \hline \end{array}$$

$$\begin{array}{r} 34 \\ -\ \ 8 \\ \hline \end{array}$$

$$\begin{array}{r} 40 \\ -\ \ 1 \\ \hline \end{array}$$

$$\begin{array}{r} 37 \\ -\ \ 8 \\ \hline \end{array}$$

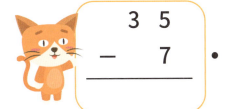

- 29
- 28
- 37
- 26
- 39

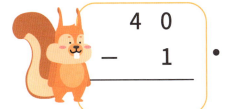

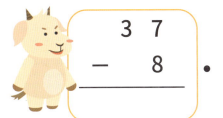

第25天

自我评价：

用时：______

五、两位数退位减法竖式

两位数减两位数（一）

算一算，写一写。

示例： 40 − 12 = 28

```
   3 10
   4̸ 0̸
 −  1 2
 -------
       8
```
→
```
   3 10
   4̸ 0̸
 −  1 2
 -------
    2 8
```

学习指引：
两位数减两位数，数位要对齐，从个位算起。个位不够减，从十位退1，退1当10，退位可以做标记。

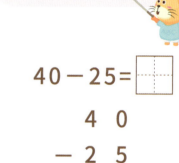

40 − 21 =

```
    4 0
 −  2 1
 -------
```

40 − 19 =

```
    4 0
 −  1 9
 -------
```

40 − 25 =

```
    4 0
 −  2 5
 -------
```

30 − 13 =

```
    3 0
 −  1 3
 -------
```

50 − 27 =

```
    5 0
 −  2 7
 -------
```

50 − 16 =

```
    5 0
 −  1 6
 -------
```

30 − 14 =

```
    3 0
 −  1 4
 -------
```

50 − 11 =

```
    5 0
 −  1 1
 -------
```

30 − 18 =

```
    3 0
 −  1 8
 -------
```

五、两位数退位减法竖式

50 − 19 = ☐   40 − 26 = ☐   40 − 23 = ☐

```
   5 0        4 0        4 0
 − 1 9      − 2 6      − 2 3
 ─────      ─────      ─────
```

50 − 34 = ☐   40 − 22 = ☐   30 − 16 = ☐

```
   5 0        4 0        3 0
 − 3 4      − 2 2      − 1 6
 ─────      ─────      ─────
```

50 − 31 = ☐   30 − 12 = ☐   40 − 13 = ☐

```
   5 0        3 0        4 0
 − 3 1      − 1 2      − 1 3
 ─────      ─────      ─────
```

50 − 37 = ☐   40 − 19 = ☐

```
   5 0        4 0
 − 3 7      − 1 9
 ─────      ─────
```

第26天

自我评价：   用时：_____

五、两位数退位减法竖式

两位数减两位数（二）

 算一算，写一写。

示例：41 − 26 = 15

```
  3 11
  4̷ 1̷           3 11
−   2 6         4̷ 1̷
───────       −   2 6
      5       ───────
                1 5
```

学习指引：
两位数减两位数，数位要对齐，从个位算起。个位上1减6不够减，从十位退1，退1当10，11减6得5。

31 − 12 =

```
  3 1
− 1 2
─────
```

42 − 24 =

```
  4 2
− 2 4
─────
```

33 − 18 =

```
  3 3
− 1 8
─────
```

43 − 27 =

```
  4 3
− 2 7
─────
```

42 − 18 =

```
  4 2
− 1 8
─────
```

35 − 16 =

```
  3 5
− 1 6
─────
```

47 − 28 =

```
  4 7
− 2 8
─────
```

第27天

五、两位数退位减法竖式

$48-39=\square$ $25-16=\square$ $27-18=\square$

$$\begin{array}{r}48\\-39\\\hline\end{array}$$ $$\begin{array}{r}25\\-16\\\hline\end{array}$$ $$\begin{array}{r}27\\-18\\\hline\end{array}$$

$31-22=\square$ $35-26=\square$ $47-38=\square$

$$\begin{array}{r}31\\-22\\\hline\end{array}$$ $$\begin{array}{r}35\\-26\\\hline\end{array}$$ $$\begin{array}{r}47\\-38\\\hline\end{array}$$

$25-17=\square$ $22-13=\square$ $34-26=\square$

$$\begin{array}{r}25\\-17\\\hline\end{array}$$ $$\begin{array}{r}22\\-13\\\hline\end{array}$$ $$\begin{array}{r}34\\-26\\\hline\end{array}$$

$36-28=\square$ $32-24=\square$ $41-39=\square$

$$\begin{array}{r}36\\-28\\\hline\end{array}$$ $$\begin{array}{r}32\\-24\\\hline\end{array}$$ $$\begin{array}{r}41\\-39\\\hline\end{array}$$

第27天

自我评价：　　　　　　　　　　用时：_____

两位数减两位数（三）

 算一算，写一写。

45 − 27 =   41 − 18 =   32 − 17 =

```
  4 5        4 1        3 2
− 2 7      − 1 8      − 1 7
———        ———        ———
```

43 − 28 =   33 − 15 =   42 − 18 =

```
  4 3        3 3        4 2
− 2 8      − 1 5      − 1 8
———        ———        ———
```

34 − 18 =   32 − 14 =   31 − 14 =

```
  3 4        3 2        3 1
− 1 8      − 1 4      − 1 4
———        ———        ———
```

31 − 17 =

```
  3 1
− 1 7
———
```

五、两位数退位减法竖式

32−15=☐　　31−16=☐　　41−27=☐

$$\begin{array}{r}32\\-15\\\hline\end{array}\qquad\begin{array}{r}31\\-16\\\hline\end{array}\qquad\begin{array}{r}41\\-27\\\hline\end{array}$$

32−13=☐　　42−16=☐　　32−19=☐

$$\begin{array}{r}32\\-13\\\hline\end{array}\qquad\begin{array}{r}42\\-16\\\hline\end{array}\qquad\begin{array}{r}32\\-19\\\hline\end{array}$$

43−14=☐　　33−16=☐　　43−27=☐

$$\begin{array}{r}43\\-14\\\hline\end{array}\qquad\begin{array}{r}33\\-16\\\hline\end{array}\qquad\begin{array}{r}43\\-27\\\hline\end{array}$$

第28天

44−15=☐　　42−28=☐

$$\begin{array}{r}44\\-15\\\hline\end{array}\qquad\begin{array}{r}42\\-28\\\hline\end{array}$$

自我评价：   　　用时：_____

五、两位数退位减法竖式

两位数减两位数（四）

算一算，写一写。

| 45 − 36 = ☐ | 27 − 18 = ☐ | 31 − 22 = ☐ |

```
   4 5        2 7        3 1
 − 3 6      − 1 8      − 2 2
 ─────      ─────      ─────
```

| 36 − 27 = ☐ | 41 − 33 = ☐ | 43 − 34 = ☐ |

```
   3 6        4 1        4 3
 − 2 7      − 3 3      − 3 4
 ─────      ─────      ─────
```

| 35 − 27 = ☐ | 46 − 39 = ☐ | 32 − 29 = ☐ |

```
   3 5        4 6        3 2
 − 2 7      − 3 9      − 2 9
 ─────      ─────      ─────
```

| 34 − 28 = ☐ | 42 − 39 = ☐ |

```
   3 4        4 2
 − 2 8      − 3 9
 ─────      ─────
```

五、两位数退位减法竖式

27－19＝□　　38－29＝□　　42－33＝□

```
  2 7          3 8          4 2
－1 9        －2 9        －3 3
─────        ─────        ─────
```

33－25＝□　　44－36＝□　　34－27＝□

```
  3 3          4 4          3 4
－2 5        －3 6        －2 7
─────        ─────        ─────
```

32－25＝□　　41－36＝□　　31－27＝□

```
  3 2          4 1          3 1
－2 5        －3 6        －2 7
─────        ─────        ─────
```

31－28＝□

```
  3 1
－2 8
─────
```

第29天

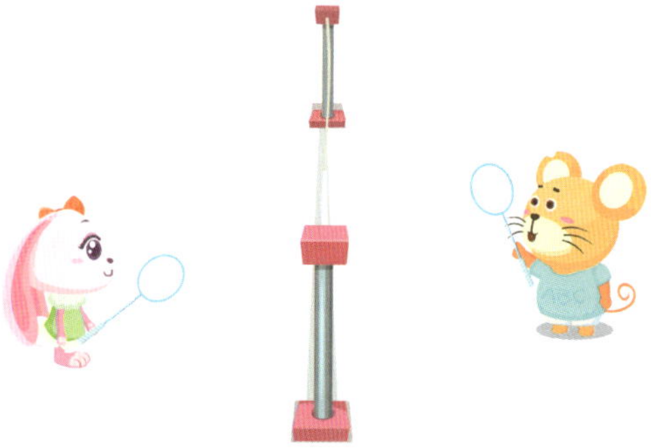

自我评价：   　　用时：_____

六、综合测试

（时间：50分钟　总分：120分）

1 填一填。（共30分，每题2分）

(1) 由5个十和8个一组成的数是（　　　）

(2) 由7个十和3个一组成的数是（　　　）

(3) 由3个十和9个一组成的数是（　　　）

(4) 由6个十和8个一组成的数是（　　　）

(5) 由9个十和1个一组成的数是（　　　）

(6) 35是由（　　　）个十和（　　　）个一组成的

(7) 48是由（　　　）个十和（　　　）个一组成的

(8) 79是由（　　　）个十和（　　　）个一组成的

(9) 63是由（　　　）个十和（　　　）个一组成的

(10) 88是由（　　　）个十和（　　　）个一组成的

(11) 一个两位数，个位上的数是8，十位上的数是7，这个数是（　　　）

(12) 一个两位数，个位上的数是9，十位上的数是5，这个数是（　　　）

(13) 一个两位数，个位上的数是3，十位上的数是9，这个数是（　　　）

(14) 89个位上的数是（　　　），十位上的数是（　　　）

(15) 53个位上的数是（　　　），十位上的数是（　　　）

六、综合测试

2 算一算，写一写。（共90分，每题2分）

12+5= ☐   16+3= ☐   25+1= ☐

```
  1 2          1 6          2 5
+   5        +   3        +   1
-----        -----        -----
```

13+24= ☐   26+22= ☐   35+11= ☐

```
  1 3          2 6          3 5
+ 2 4        + 2 2        + 1 1
-----        -----        -----
```

30+4= ☐   20+7= ☐   20+2= ☐

```
  3 0          2 0          2 0
+   4        +   7        +   2
-----        -----        -----
```

20+14= ☐   30+12= ☐   10+26= ☐

```
  2 0          3 0          1 0
+ 1 4        + 1 2        + 2 6
-----        -----        -----
```

第30天

六、综合测试

12 + 9 = ☐   15 + 6 = ☐   16 + 7 = ☐

```
  1 2         1 5         1 6
+   9       +   6       +   7
-----       -----       -----
```

25 + 9 = ☐   18 + 8 = ☐   26 + 5 = ☐

```
  2 5         1 8         2 6
+   9       +   8       +   5
-----       -----       -----
```

14 + 29 = ☐   13 + 28 = ☐   17 + 17 = ☐

```
  1 4         1 3         1 7
+ 2 9       + 2 8       + 1 7
-----       -----       -----
```

13 + 17 = ☐   26 + 14 = ☐   15 + 15 = ☐

```
  1 3         2 6         1 5
+ 1 7       + 1 4       + 1 5
-----       -----       -----
```

六、综合测试

36 − 4 =

  3 6
− 4
―――――

28 − 5 =

  2 8
− 5
―――――

29 − 3 =

  2 9
− 3
―――――

36 − 6 =

  3 6
− 6
―――――

27 − 7 =

  2 7
− 7
―――――

35 − 5 =

  3 5
− 5
―――――

28 − 12 =

  2 8
− 1 2
―――――

35 − 14 =

  3 5
− 1 4
―――――

26 − 13 =

  2 6
− 1 3
―――――

38 − 32 =

  3 8
− 3 2
―――――

24 − 21 =

  2 4
− 2 1
―――――

26 − 22 =

  2 6
− 2 2
―――――

第 30 天

六、综合测试

16 − 7 =   18 − 9 =   25 − 6 =

```
  1 6        1 8        2 5
−   7      −   9      −   6
───────    ───────    ───────
```

30 − 8 =   20 − 6 =   20 − 5 =

```
  3 0        2 0        2 0
−   8      −   6      −   5
───────    ───────    ───────
```

36 − 17 =   45 − 28 =   36 − 19 =

```
  3 6        4 5        3 6
− 1 7      − 2 8      − 1 9
───────    ───────    ───────
```

自我评价：　　　　　　　　用时：_____

七、拼图游戏

剪裁卡片,开启神秘之旅!

重组卡片，召唤神秘惊喜！

八、成长记录

日期	用时	收获

八、成长记录

日期	用时	收获

九、答案

P1
1.
(1) 1 3
(2) 3 5
(3) 3 8
(4) 6 6
(5) 10 10

P2
2.
(1)
(2)
(3)
(4)
(5)

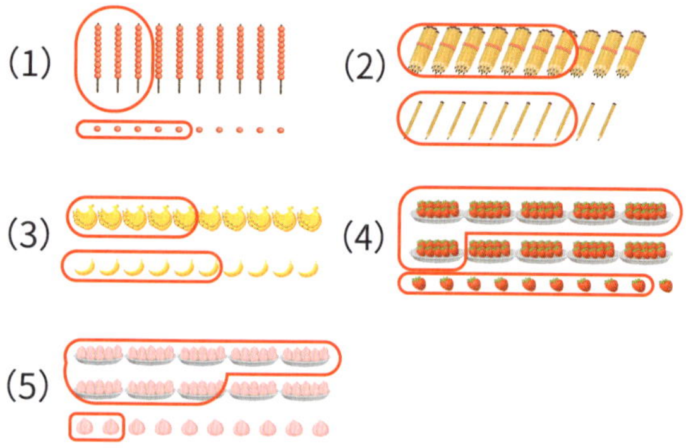

P3
(1) 10 (2) 60 (3) 51 (4) 65
(5) 87 (6) 100 (7) 88 (8) 79
(9) 14 (10) 33 (11) 58 (12) 67
(13) 69 (14) 78 (15) 85 (16) 98
(17) 96 (18) 83 (19) 25 (20) 18

P4
(1) 一 (2) 十
(3) 百 (4) 10
(5) 100 (6) 10
(7) 2 (8) 8
(9) 7 (10) 6 5

P5
(11) 8 8 (12) 9 8
(13) 5 9 (14) 3 2
(15) 6 5 (16) 6 7
(17) 67 (18) 36
(19) 58 (20) 57

P6
(1) ✓ (2) ✗
(3) ✗ (4) ✗
(5) ✓ (6) ✓
(7) ✓ (8) ✗
(9) ✓ (10) ✗
(11) ✓ (12) ✓

P7
15 19 19
18 28 27
27 27

P8
28 29 25
29 39 48
36 39 29
38 38

P9
33 38 42
35 48 44
43 45 38
39 39

P10
49 31 34
47 39 26
49 45 31
47 42

P11
44 48 31
32 28 49
45 46 42
47 35

P12
46 33 45
49 37 45
41 42 47
48 31

九、答案

P13 38 38 39
29 49 47
48 33 43
38

P14 39 39 46
36 49 39
39 37 46
35 27

P15 49 47 48
45 38 25
37 48 49
46

P16 38 49 38
29 46 48
28 29 29
36 39

P17 19 18
29 29
44 38
46 39

P18 38 45
46 46
39 38
38 48

P19 28 29
18 18
36 47
44 35

P20 38 39
42 37
36 39
45 41

P21 23 34 21
21 37 35
31

P22 42 24 26
27 31 42
32 43 44
32 33 33

P23 36 42 31
35 24 43
34 31 31
42 32

P24 31 42 31
24 41 41
24 34 44
26 32

P25 20 30 30
20 30 40
30 40 30
40

P26 40 20 30
50 50 50
50 40 50
40

P27 41 42 41
51 41 41
46 31

P28 45 44 44
46 38 42
44 47 47
48 42 34

P29 35 43 43
42 43 41
43 42 45
44

P30 42 32 42
42 44 31
43 42 34
34

P31 50 40 40
40 50 50
40 50 50
40 50

P32 30 30 50
30 30 30
30 50 50
50 40

P33 34 22
12 13 23
23 11 32
41

九、答案

P34 22 44 14
22 33 15
22 35 27
25

P35 26 32 35
44 31 41
31 21 40
30 32

P36 26 40 11
20 42 36
23 32 40
10 21

P37 17 16 15
18 17 19
28 13 18
15 28

P38 6 3 1
9 2 2
8 1 6
4 8

P39 14 13 23
12 12 24
23 25 13
24

P40 34 14 22
22 12 28
31 11 21
27 24

P41 21 12 21
21 11 21
21 11 11
14

P42 13 12 35
15 12 33
27 11 11
21 24

P43 28 31 13
11 33 25
26

P44 17 23 18
26 27 39
24 15 46
35

P45 19 19 39
29 29 39
19 28 18
17

P46 29 16 29
18 27 26
19 27 26
15 13

P47 46-9→37; 35-7→28; 34-...→...; 40-1→39; 37-8→29
(连线题)

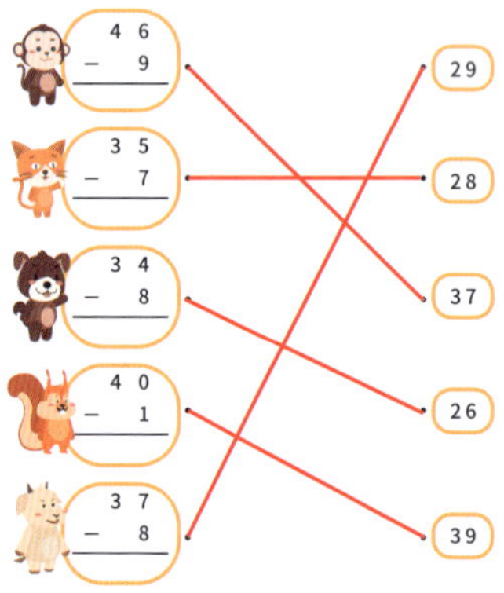

P48 19 21 15
17 23 34
16 39 12

P49 31 14 17
16 18 14
19 18 27
13 21

P50 19 18 15
16 24 19
19

P51 9 9 9
9 9 9
8 9 8
8 8 2

P52 18 23 15
15 18 24
16 18 17
14

九、答案

P53 17 15 14
19 26 13
29 17 16
29 14

P54 9 9 9
9 8 9
8 7 3
6 3

P55 8 9 9
8 8 7
7 5 4
3

P56
1. (1) 58   (2) 73   (3) 39
(4) 68   (5) 91   (6) 3 5
(7) 4 8   (8) 7 9   (9) 6 3
(10) 8 8   (11) 78   (12) 59
(13) 93   (14) 9 8   (15) 3 5

P57 17 19 26
2. 37 48 46
34 27 22
34 42 36

P58 21 21 23
34 26 31
43 41 34
30 40 30

P59 32 23 26
30 20 30
16 21 13
6 3 4

P60
9   9   19
22 14 15
19 17 17

火花思维培养体系

12种思维能力
8种思维品质
20种思维方法
创造性
敏捷性
灵活性
批判性
深刻性
广阔性
严谨性
持续性
数感运算能力
记忆力
动手能力
空间想象能力
观察力
抽象能力
阅读理解能力
语言表达能力
专注力
探究能力
逻辑分析能力
迁移与应用能力
有序思维
分步思维
整体思维
对应思维
类比思维
排除思维
分类思维
转化思维
逆向思维
……
数感运用
益智游戏
图形空间
逻辑关系
生活运用
5大知识模块

火花数感分级培养

第五级

大数加减法

火花思维研发中心 编

清华大学出版社
北京

版权所有，侵权必究。举报：010-62782989，beiqinquan@tup.tsinghua.edu.cn。

图书在版编目（CIP）数据

火花数感分级培养 . 第五级：大数加减法 / 火花思维研发中心编 . —北京：清华大学出版社，2021.1（2024.3重印）
ISBN 978-7-302-56635-9

Ⅰ . ①火… Ⅱ . ①火… Ⅲ . ①数学课—学前教育—教学参考资料 Ⅳ . ① G613.4

中国版本图书馆 CIP 数据核字 (2020) 第 193146 号

责任编辑：张　宇
封面设计：马术明
责任校对：赵丽敏
责任印制：宋　林

出版发行：清华大学出版社
网　　址：https://www.tup.com.cn，https://www.wqxuetang.com
地　　址：北京清华大学学研大厦 A 座　　　邮　　编：100084
社 总 机：010-83470000　　　邮　　购：010-62786544
投稿与读者服务：010-62776969，c-service@tup.tsinghua.edu.cn
质量反馈：010-62772015，zhiliang@tup.tsinghua.edu.cn
印 装 者：小森印刷（北京）有限公司
经　　销：全国新华书店
开　　本：185mm×260mm　　　印　张：15　　　字　数：403 千字
版　　次：2021 年 1 月第 1 版　　　印　次：2024 年 3 月第 10 次印刷
定　　价：65.00 元（全三册）

产品编号：089685-02

目录

- 一、100以内不进位加法 ………… 1
- 二、100以内进位加法 ………… 13
- 三、100以内不退位减法 ………… 27
- 四、100以内退位减法 ………… 41
- 五、连加与连减 ………… 55
- 六、加减混合运算 ………… 63
- 七、综合测试 ………… 69
- 八、拼图游戏 ………… 75
- 九、成长记录 ………… 78
- 十、答案 ………… 80

___月___日

一、100以内不进位加法

两位数加一位数（一）

 算一算，写一写。

示例： $11 + 2 = 13$

十位	个位
1	1
+	2

→

十位	个位
1	1
+	2
	3

→

十位	个位
1	1
+	2
1	3

$11 + 3 =$ ☐ $12 + 6 =$ ☐ $14 + 3 =$ ☐

$25 + 2 =$ ☐ $21 + 7 =$ ☐ $23 + 2 =$ ☐

$32 + 7 =$ ☐ $37 + 2 =$ ☐

你能口算吗？

也可以写成竖式，用笔算。

一、100以内不进位加法

第1天 ___月___日

38 + 1 =   　　31 + 6 =   　　41 + 3 =

42 + 5 =   　　35 + 3 =   　　34 + 5 =

33 + 4 =   　　36 + 3 =   　　23 + 6 =

17 + 1 =

学习指引：
列竖式时，相同数位要对齐，从个位加起，个位上的数加个位上的数，十位上的数加十位上的数。

自我评价：   　　用时：_____

___月___日

一、100以内不进位加法

两位数加一位数（二）

第 2 天

 算一算，写一写。

22 + 7 =   12 + 3 =   31 + 8 =

22 + 5 =   11 + 8 =   12 + 6 =

31 + 7 =   32 + 5 =   34 + 5 =

33 + 6 =   22 + 4 =

一、100以内不进位加法

46 + 3 =   12 + 5 =   22 + 6 =

30 + 6 =   26 + 3 =   26 + 2 =

27 + 2 =   32 + 6 =   30 + 9 =

20 + 8 =   21 + 7 =

自我评价: 用时:_____

___月___日

一、100以内不进位加法

两位数加两位数（一）

 列竖式，算一算。

22+20=☐　　31+11=☐　　25+12=☐

20+18=☐　　30+12=☐　　32+14=☐

25+24=☐　　14+24=☐　　23+24=☐

16+22=☐

第3天

31 + 13 =   15 + 21 =   10 + 29 =

23 + 16 =   31 + 15 =   22 + 16 =

27 + 22 =   13 + 16 =   30 + 18 =

15 + 33 =   12 + 23 =

自我评价：   用时：_____

一、100以内不进位加法

两位数加两位数（二）

 列竖式，算一算。

23 + 22 =   　　11 + 27 =   　　22 + 26 =

16 + 32 =   　　25 + 13 =   　　22 + 24 =

14 + 32 =   　　18 + 31 =   　　21 + 27 =

35 + 14 =

一、100以内不进位加法

第4天

___月___日

21 + 26 =   30 + 17 =   22 + 13 =

20 + 19 =   23 + 16 =   26 + 12 =

16 + 13 =   10 + 25 =   14 + 32 =

16 + 22 =   24 + 13 =

自我评价：   　　用时：_____

___月___日

两位数加两位数（三）

 列竖式，算一算。

72 + 23 =　　　　65 + 34 =　　　　70 + 25 =

42 + 21 =　　　　32 + 25 =　　　　42 + 37 =

35 + 22 =　　　　56 + 23 =　　　　65 + 23 =

41 + 37 =

一、100以内不进位加法

56+23= 35+24= 51+28=

41+37= 36+53= 80+11=

70+23= 35+60= 75+21=

54+34= 73+25=

自我评价： 用时：_____

___月___日

两位数加两位数（四）

 列竖式，算一算。

65 + 21 =　　　　36 + 62 =　　　　43 + 32 =

45 + 33 =　　　　31 + 38 =　　　　32 + 47 =

51 + 37 =　　　　67 + 22 =　　　　55 + 42 =

68 + 31 =

___月___日

第6天

43+50=　　61+30=　　67+20=

59+30=　　82+10=　　54+40=

35+60=　　38+40=　　25+70=

32+50=　　27+60=

自我评价：

用时：______

___月___日

二、100以内进位加法

两位数加一位数（一）

 算一算，写一写。

示例： $17 + 9 = \boxed{26}$

```
  十位 个位          十位 个位          十位 个位
   1  7              1  7              1  7
+     9          +      9          +      9
--------         ---------         ---------
                    1                  1
                       6              2  6
```

$28 + 8 = \boxed{}$　　$18 + 6 = \boxed{}$　　$25 + 7 = \boxed{}$

$24 + 9 = \boxed{}$　　$23 + 7 = \boxed{}$　　$22 + 8 = \boxed{}$

$25 + 5 = \boxed{}$

学习指引：
用竖式计算两位数的进位加法，相同数位要对齐，从个位加起，个位相加满10向十位进1，进位可以做标记，计算十位加上1。

第7天

二、100以内进位加法

36 + 4 =   47 + 3 =   29 + 1 =

29 + 6 =   28 + 3 =   17 + 4 =

33 + 9 =   42 + 8 =   19 + 5 =

36 + 6 =   27 + 7 =   19 + 9 =

自我评价：   用时：_____

___月___日

二、100以内进位加法

两位数加一位数（二）

 列竖式，算一算。

56 + 6 =　　　73 + 7 =　　　52 + 8 =

61 + 9 =　　　74 + 6 =　　　75 + 5 =

86 + 4 =　　　66 + 7 =　　　78 + 8 =

79 + 6 =

第 8 天

___月___日

第8天

57+7=□　　88+7=□　　83+9=□

65+8=□　　58+9=□　　49+7=□

62+9=□　　54+8=□　　56+9=□

67+6=□　　63+8=□

自我评价：

用时：______

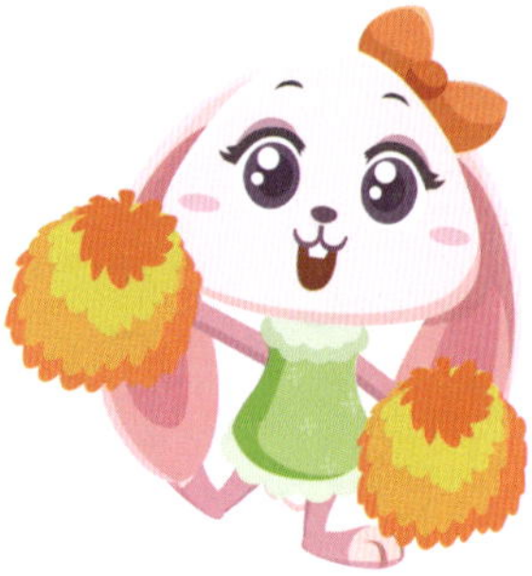

___月___日

二、100以内进位加法

两位数加两位数（一）

 列竖式，算一算。

示例： $18+23=41$

十位 个位
1 8
+ 2 3

→

十位 个位
1 8
+ 2 ₁3
1

→

十位 个位
1 8
+ 2 ₁3
4 1

第 9 天

$17+26=$ 　　　　$18+17=$ 　　　　$18+18=$

$19+28=$ 　　　　$25+17=$ 　　　　$24+19=$

$13+28=$

____月____日

第9天

12+19=☐　　22+18=☐　　24+16=☐

15+25=☐　　19+11=☐　　26+15=☐

18+14=☐　　24+17=☐　　13+19=☐

15+29=☐　　22+19=☐

自我评价：　　用时：________

__月__日

二、100以内进位加法

两位数加两位数（二）

 列竖式，算一算。

18+22=☐　　16+15=☐　　13+19=☐

12+28=☐　　15+27=☐　　19+31=☐

12+29=☐　　25+18=☐　　16+28=☐

24+19=☐

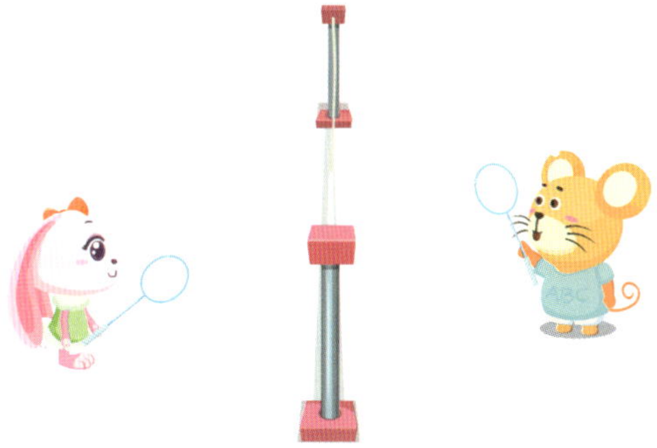

二、100以内进位加法

23 + 17 =   26 + 18 =   26 + 14 =

18 + 28 =   17 + 17 =   24 + 17 =

23 + 18 =   37 + 13 =   32 + 18 =

19 + 29 =   15 + 19 =

二、100以内进位加法

两位数加两位数（三）

 列竖式，算一算。

23 + 58 = 76 + 18 = 57 + 25 =

第 11 天

63 + 27 = 69 + 11 = 72 + 19 =

46 + 18 = 58 + 26 = 25 + 38 =

29 + 57 =

___月___日

36+49=□　　53+28=□　　64+29=□

54+28=□　　39+47=□　　49+22=□

28+39=□　　37+48=□　　42+38=□

27+64=□　　35+57=□

自我评价：

用时：______

___月___日

二、100以内进位加法

两位数加两位数（四）

 列竖式，算一算。

69+22=☐　　43+27=☐　　64+16=☐

55+15=☐　　45+27=☐　　35+38=☐

29+45=☐　　34+49=☐　　64+18=☐

53+29=☐

第12天

二、100以内进位加法

32+39= 42+48= 54+29=

66+26= 58+23= 45+36=

36+27= 46+38= 57+19=

47+28= 32+59=

自我评价: 用时:_____

二、100以内进位加法

两位数加两位数（五）

 列竖式，算一算。

25 + 38 =　　　　46 + 19 =　　　　58 + 27 =

第 13 天

13 + 69 =　　　　17 + 53 =　　　　28 + 62 =

48 + 27 =　　　　61 + 19 =　　　　24 + 59 =

46 + 48 =

___月___日

52+19=

46+17=

37+18=

12+48=

59+13=

37+24=

34+48=

35+28=

46+24=

57+17=

18+76=

自我评价：

用时：______

三、100以内不退位减法

两位数减一位数（一）

列竖式，算一算。

你可以口算吗？也可以
列竖式算一算哦！

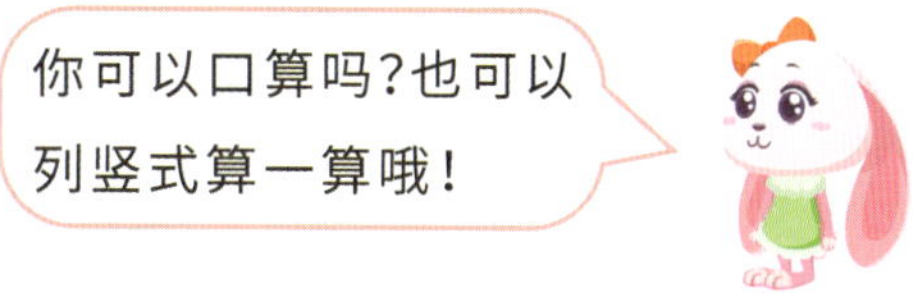

示例：49 − 7 = 42

十位	个位	→	十位	个位	→	十位	个位
4	9		4	9		4	9
−	7		−	7		−	7
				2		4	2

35 − 3 = □　　38 − 4 = □　　45 − 5 = □

39 − 5 = □　　38 − 2 = □　　47 − 2 = □

49 − 3 = □

学习指引：

用竖式计算两位数减一位数，数位要对齐，从个位算起，个位上的数减个位上的数，十位上的数减十位上的数。

三、100以内不退位减法

___月___日

第14天

29 − 6 =   18 − 3 =   38 − 5 =

38 − 6 =   33 − 3 =   47 − 4 =

39 − 2 =   46 − 5 =   29 − 4 =

38 − 2 =   45 − 2 =

自我评价： 用时：_____

___月___日

三、100以内不退位减法

两位数减一位数（二）

 列竖式，算一算。

76 − 3 = 　　　86 − 2 =

口算？竖式？我都会！

65 − 3 = 　　　67 − 3 = 　　　78 − 5 =

72 − 2 = 　　　77 − 2 = 　　　59 − 3 =

79 − 9 = 　　　69 − 8 =

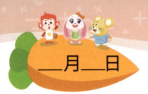

___月___日

第15天

58 − 1 = □　　89 − 9 = □　　87 − 5 = □

88 − 8 = □　　64 − 3 = □　　54 − 2 = □

76 − 1 = □　　86 − 6 = □　　78 − 6 = □

79 − 3 = □　　96 − 2 = □

自我评价：

用时：______

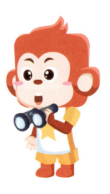

三、100 以内不退位减法

两位数减两位数（一）

 列竖式，算一算。

示例：46 − 24 = 22

```
 十位 个位        十位 个位        十位 个位
  4  6           4  6           4  6
−  2  4       − 2  4         − 2  4
─────         ─────           ─────
                    2           2  2
```

46 − 13 = 　　　45 − 12 = 　　　37 − 13 =

48 − 25 = 　　　46 − 42 = 　　　45 − 41 =

41 − 31 =

学习指引：
用竖式计算两位数减两位数，相同数位要对齐，个位上的数减个位上的数，十位上的数减十位上的数。

第 16 天

三、100以内不退位减法

49 − 15 =   38 − 11 =   27 − 23 =

26 − 16 =   28 − 18 =   29 − 19 =

49 − 23 =   28 − 14 =   36 − 14 =

39 − 18 =   38 − 15 =

自我评价: 用时:_____

___月___日

两位数减两位数（二）

列竖式，算一算。

$37-17=$ □	$46-41=$ □	$39-17=$ □
$29-11=$ □	$45-24=$ □	$38-26=$ □
$47-15=$ □	$35-25=$ □	$28-13=$ □
$29-14=$ □		

___月___日

39－25=

37－14=

48－13=

36－10=

28－10=

28－18=

36－26=

47－15=

39－12=

38－18=

49－13=

自我评价：

用时：______

三、100以内不退位减法

两位数减两位数（三）

 列竖式，算一算。

38－28=　　　　69－35=　　　　77－20=

54－10=　　　　56－42=　　　　67－13=

54－24=　　　　56－23=　　　　83－43=

89－36=

三、100以内不退位减法

___月___日

第18天

58 − 44 =

67 − 34 =

86 − 26 =

99 − 88 =

77 − 33 =

68 − 21 =

76 − 15 =

59 − 25 =

68 − 32 =

87 − 22 =

79 − 23 =

自我评价: 用时:_____

三、100以内不退位减法

两位数减两位数（四）

 列竖式，算一算。

57－17=

84－31=

83－62=

72－10=

53－13=

67－15=

78－26=

69－23=

85－24=

83－10=

___月___日

61－20= □　　85－15= □　　96－51= □

98－27= □　　85－23= □　　64－21= □

79－32= □　　87－50= □　　75－30= □

66－24= □　　68－21= □

自我评价：

用时：______

三、100以内不退位减法

__月__日

两位数减两位数（五）

 列竖式，算一算。

59 − 21 =   78 − 65 =   69 − 37 =

86 − 22 =   57 − 21 =   58 − 15 =

87 − 76 =   96 − 63 =   98 − 23 =

77 − 22 =

三、100以内不退位减法

第20天

79 − 40 = 68 − 32 = 77 − 25 =

76 − 36 = 98 − 80 = 85 − 30 =

89 − 22 = 69 − 25 = 99 − 66 =

87 − 21 = 96 − 21 =

自我评价: 用时：_____

____月____日

四、100以内退位减法

两位数减一位数（一）

列竖式，算一算。

示例：35 − 8 = 27

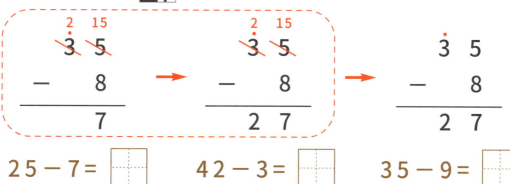

```
  2 15          2 15
  3̶  5̶          3̶  5̶          3  5
−    8    →   −    8    →   −    8
———————       ———————       ———————
     7          2  7          2  7
```

25 − 7 =　　　42 − 3 =　　　35 − 9 =

33 − 8 =　　　45 − 6 =　　　38 − 9 =

24 − 8 =

学习指引：

两位数减一位数，数位要对齐，从个位算起。个位不够减，从十位退1，退1当10。

第21天

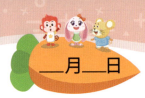

___月___日

40 − 7 = □　　30 − 6 = □　　20 − 7 = □

50 − 8 = □　　40 − 2 = □　　40 − 3 = □

50 − 4 = □　　20 − 5 = □　　20 − 1 = □

20 − 2 = □　　40 − 4 = □

自我评价：

用时：______

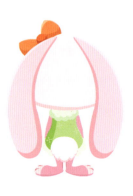

___月___日

四、100以内退位减法

两位数减一位数（二）

 列竖式，算一算。

28 − 9 = 　　31 − 8 = 　　42 − 5 =

41 − 6 = 　　24 − 7 = 　　31 − 5 =

34 − 8 = 　　31 − 4 = 　　35 − 7 =

36 − 9 = 　　32 − 9 =

第 22 天

四、100以内退位减法

32 − 7 =

31 − 8 =

42 − 5 =

41 − 6 =

24 − 8 =

21 − 5 =

第 22 天

34 − 8 =

31 − 4 =

35 − 7 =

35 − 9 =

48 − 9 =

自我评价： 用时：_____

四、100以内退位减法

两位数减一位数（三）

 列竖式，算一算。

73 − 4 = 84 − 5 = 85 − 6 =

53 − 6 = 50 − 4 = 55 − 8 =

64 − 8 = 80 − 6 = 96 − 9 =

70 − 7 =

第23天

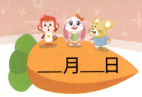

____月____日

73－7＝□　　63－5＝□　　64－6＝□

70－3＝□　　65－7＝□　　53－9＝□

95－9＝□　　70－9＝□　　86－7＝□

78－9＝□　　72－8＝□

自我评价：

用时：________

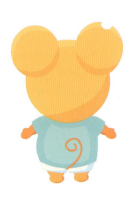

___月___日

两位数减两位数（一）

列竖式，算一算。

50－16=

30－17=

50－23=

40－16=

30－18=

40－15=

20－16=

30－19=

20－11=

40－14=

学习指引：

两位数减两位数，数位要对齐，从个位算起。个位不够减，从十位退1，退1当10，退位可以做标记，在十位的上面点一个点，计算十位的时候要注意看标记点减1。

___月___日

第24天

41－27= □　　31－18= □　　32－18= □

43－14= □　　31－12= □　　32－16= □

42－29= □　　35－19= □　　42－15= □

32－17= □　　43－15= □

自我评价：

用时：______

四、100以内退位减法

两位数减两位数（二）

 列竖式，算一算。

50 － 12 =　　　　46 － 18 =　　　　36 － 19 =

42 － 27 =　　　　45 － 18 =　　　　30 － 19 =

34 － 18 =　　　　23 － 15 =　　　　34 － 17 =

30 － 11 =

第25天

___月___日

$34-15=\square$　　$40-13=\square$　　$36-17=\square$

$30-18=\square$　　$34-16=\square$　　$44-19=\square$

$43-17=\square$　　$43-29=\square$　　$43-19=\square$

$42-24=\square$　　$35-18=\square$

自我评价：　　用时：______

___月___日

两位数减两位数（三）

 列竖式，算一算。

81－12=☐ 92－33=☐ 91－34=☐

63－35=☐ 51－15=☐ 88－29=☐

90－18=☐ 75－38=☐ 92－27=☐

94－25=☐

第26天

四、100以内退位减法

73 − 24 = 61 − 23 = 72 − 14 =

80 − 21 = 83 − 56 = 77 − 28 =

65 − 26 = 56 − 17 = 87 − 39 =

74 − 36 = 61 − 27 =

自我评价： 用时：_____

四、100 以内退位减法

___月___日

两位数减两位数（四）

列竖式，算一算。

93－28=□　　94－87=□　　70－32=□

73－47=□　　84－18=□　　80－27=□

64－18=□　　91－46=□　　95－37=□

87－48=□

___月___日

65－19=□　　60－13=□　　73－36=□

74－39=□　　66－37=□　　83－29=□

71－27=□　　76－29=□　　91－48=□

86－28=□　　82－39=□

自我评价：

用时：______

___月___日

五、连加与连减

连加（一）

 列竖式，算一算。

示例： 28+34+22= 84

```
  十位 个位           十位 个位
    2  8              2  8
  + 3  4              3  4         10
  ─────            +  2  2
    6  2            ─────
  + 2  2              8  4
  ─────
    8  4
```
或

11+12+13=☐ 12+15+31=☐ 13+14+22=☐

20+15+30=☐ 10+23+16=☐ 21+32+33=☐

25+13+20=☐

学习指引：
三个数相加列竖式时，可以先列竖式算出前两个数的和，再用前两个数的和与第三个数列竖式。也可以三个数一起列竖式。

第28天

___月___日

24+34+11=□　　20+16+13=□　　14+22+33=□

21+26+12=□　　42+11+17=□　　56+13+10=□

30+14+25=□　　20+12+22=□　　13+14+12=□

12+40+25=□　　24+30+14=□

自我评价：

用时：______

五、连加与连减

__月__日

连加（二）

 列竖式，算一算。

18+24+19= ☐   17+36+12= ☐   20+38+16= ☐

35+37+20= ☐   16+26+14= ☐   25+18+23= ☐

27+19+36= ☐   35+28+27= ☐   29+16+14= ☐

36+13+18= ☐   12+27+10= ☐   31+34+11= ☐

第29天

___月___日

35+18+26=□　46+27+12=□　25+13+24=□

36+12+18=□　41+26+19=□　35+18+29=□

45+16+27=□　13+28+15=□　26+36+27=□

18+28+16=□　42+23+25=□

自我评价：

用时：______

___月___日

连减（一）

 列竖式，算一算。

示例： 48－20－12= 16

```
  十位 个位              十位 个位
    4  8                    4  8
  － 2  0        或          2  0
  ─────                  － 1  2
    2  8                 ─────
  － 1  2                    1  6
  ─────
    1  6
```

59－31－10=☐　　89－25－23=☐　　76－21－24=☐

68－13－12=☐　　77－25－31=☐　　74－12－21=☐

85－30－23=☐

学习指引：
三个数相减列竖式时，可以先列竖式算出前两个数的差，再用前两个数的差与第三个数列竖式。也可以三个数一起列竖式。

___月___日

五、连加与连减

87－12－22=☐　　89－14－23=☐　　78－22－24=☐

96－31－22=☐　　43－20－10=☐　　82－10－50=☐

64－20－23=☐　　79－25－22=☐　　68－40－10=☐

98－24－32=☐　　78－11－23=☐

自我评价： 用时：_____

连减（二）

 列竖式，算一算。

90−25−18=☐　　76−37−21=☐　　58−18−20=☐

65−18−13=☐　　70−16−27=☐　　81−35−16=☐

72−43−26=☐　　91−38−27=☐　　69−19−26=☐

85−72−10=☐　　56−24−10=☐　　98−26−40=☐

___月___日

96－18－26=□　50－18－27=□　64－27－14=□

64－35－18=□　74－19－25=□　90－16－27=□

97－28－19=□　78－39－16=□　79－23－38=□

68－24－19=□　70－18－24=□　73－27－14=□

自我评价：

用时：______

六、加减混合运算

（一）

 列竖式，算一算。

48－20+15=　　　78+10－27=　　　29+56－20=

78－30+42=　　　69－13+24=　　　75+20－19=

87－16+22=　　　59－18+20=　　　27+35－18=

56+24－29=　　　53+18－26=

六、加减混合运算

___月___日

45+20－18=□　56+14－25=□　67－13+26=□

28+37－16=□　29+38－24=□　98－26+23=□

35+18－24=□　96－47+35=□　87－36+19=□

90－28+37=□　78－24+18=□

第32天

自我评价：

用时：______

 __月__日

六、加减混合运算

（二）

 列竖式，算一算。

32+48−25=☐　　67+23−46=☐　　52+27−14=☐

65+24−39=☐　　78+21−53=☐　　69+30−48=☐

76+19−37=☐　　58+36−27=☐　　49+36−27=☐

81−26+17=☐　　68+19−27=☐

第33天

六、加减混合运算

___月___日

59+35−22=☐　　78−39+21=☐　　96−28+29=☐

76−34+18=☐　　26+49−30=☐　　49+37−25=☐

63+26−32=☐　　54+18−20=☐　　59+32−46=☐

40+38−29=☐　　56+38−27=☐

自我评价：   　　用时：_____

第33天

六、加减混合运算

（三）

 列竖式，算一算。

83－28+15=☐   56+13－58=☐   29+71－65=☐

58－46+41=☐   68－35+43=☐   40+40－35=☐

25+53－75=☐   38+43－12=☐   84－25+31=☐

29+38－18=☐   28+57－23=☐

___月___日

$94-37+27=$ □　　$56+19-46=$ □　　$46-27+64=$ □

$58+42-70=$ □　　$59+33-69=$ □　　$35+55-25=$ □

$66-25+39=$ □　　$79-46+23=$ □　　$18+58-31=$ □

$43+47-51=$ □　　$59-28+36=$ □

第34天

自我评价：

用时：______

七、综合测试

（时间：50 分钟　总分：120 分）

1 列竖式，算一算。（共12分，每题1分）

16+3=□　　28+1=□　　22+14=□

31+18=□　　73+24=□　　56+31=□

50+12=□　　40+36=□　　40+38=□

80+19=□　　25+13=□　　36+12=□

___月___日

七、综合测试

 2 列竖式，算一算。（共24分，每题2分）

46+6 =　　　　87+9 =　　　　63+7 =

72+8 =　　　　46+39 =　　　　58+27 =

38+56 =　　　　52+39 =　　　　53+27 =

51+39 =　　　　18+33 =　　　　26+15 =

___月___日

七、综合测试

3 列竖式，算一算。（共24分，每题2分）

48 − 2 = 　　　27 − 3 = 　　　35 − 5 =

26 − 6 = 　　　45 − 12 = 　　　36 − 13 =

48 − 24 = 　　　39 − 21 = 　　　48 − 41 =

37 − 30 = 　　　36 − 11 = 　　　49 − 23 =

第35天

七、综合测试

4 列竖式，算一算。（共36分，每题3分）

58－9＝☐　　46－7＝☐　　71－2＝☐

62－8＝☐　　62－17＝☐　　81－29＝☐

73－24＝☐　　84－18＝☐　　90－16＝☐

70－23＝☐　　58－39＝☐　　71－27＝☐

5 列竖式，算一算。（共24分，每题4分）

12+27+30=□　　46+25+22=□

96−40−21=□　　78−36−27=□

48+21−36=□　　84−29+33=□

自我评价：

用时：______

八、拼图游戏

剪裁卡片,开启神秘之旅!

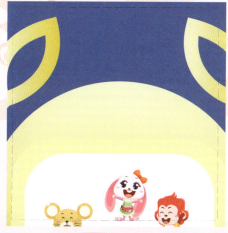

重组卡片，召唤神秘惊喜！

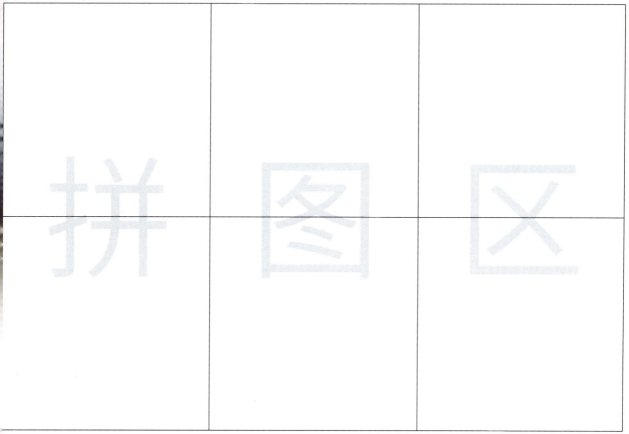

拼图区

九、成长记录

日期	用时	收获

日期	用时	收获

九、成长记录

十、答案

P1 14 18 17 27 28 25 39 39

P2 39 37 44 47 38 39 37 39 29 18

P3 29 15 39 27 19 18 38 37 39 39 26

P4 49 17 28 36 29 28 29 38 39 28 28

P5 42 42 37 38 42 46 49 38 47 38

P6 44 36 39 39 46 38 49 29 48 48 35

P7 45 38 48 48 38 46 46 49 48 49

P8 47 47 35 39 39 38 29 35 46 38 37

P9 95 99 95 63 57 79 57 79 88 78

P10 79 59 79 78 89 91 93 95 96 88 98

P11 86 98 75 78 69 79 88 89 97 99

P12 93 91 87 89 92 94 95 78 95 82 87

P13 36 24 32 33 30 30 30

P14 40 50 30 35 31 21 42 50 24 42 34 28

P15 62 80 60 70 80 80 90 73 86 85

P16 64 95 92 73 67 56 71 62 65 73 71

P17 43 35 36 47 42 43 41

P18 31 40 40 40 30 41 32 41 32 44 41

P19 40 31 32 40 42 50 41 43 44 43

P20 40 44 40 46 34 41 41 50 50 48 34

P21 81 94 82 90 80 91 64 84 63 86

十、答案

P22 85 81 93 82 86 71 67 85 80 91 92

P23 91 70 80 70 72 73 74 83 82 82

P24 71 90 83 92 81 81 63 84 76 75 91

P25 63 65 85 82 70 90 75 80 83 94

P26 71 63 55 60 72 61 82 63 70 74 94

P27 32 34 40 34 36 45 46

P28 23 15 33 32 30 43 37 41 25 36 43

P29 73 84 62 64 73 70 75 56 70 61

P30 57 80 82 80 61 52 75 80 72 76 94

P31 33 33 24 23 4 4 10

P32 34 27 4 10 10 10 26 14 22 21 23

P33 20 5 22 18 21 12 32 10 15 15

P34 14 23 35 26 18 10 10 32 27 20 36

P35 10 34 57 44 14 54 30 33 40 53

P36 14 33 60 11 44 47 61 34 36 65 56

P37 40 53 21 62 40 52 52 46 61 73

P38 41 70 45 71 62 43 47 37 45 42 47

P39 38 13 32 64 36 43 11 33 75 55

P40 39 36 52 40 18 55 67 44 33 66 75

P41 18 39 26 25 39 29 16

P42 33 24 13 42 38 37 46 15 19 18 36

十、答案

P43 19 23 37
35 17 26
26 27 28
27 23

P44 25 23 37
35 16 16
26 27 28
26 39

P45 69 79 79
47 46 47
56 74 87
63

P46 66 58 58
67 58 44
86 61 79
69 64

P47 34 13 27
24 12 25
4 11 9
26

P48 14 13 14
29 19 16
13 16 27
15 28

P49 38 28 17
15 27 11
16 8 17
19

P50 19 27 19
12 18 25
26 14 24
18 17

P51 69 59 57
28 36 59
72 37 65
69

P52 49 38 58
59 27 49
39 39 48
38 34

P53 65 7 38
26 66 53
46 45 58
39

P54 46 47 37
35 29 54
44 47 43
58 43

P55 36 58 49
65 49 86
58

P56 69 49 69
59 70 79
69 54 39
77 68

P57 61 65 74
92 56 66
82 90 59
67 49 76

P58 79 85 62
66 86 82
88 56 89
62 90

P59 18 41 31
43 21 41
32

P60 53 52 32
43 13 22
21 32 18
42 44

P61 47 18 20
34 27 30
3 26 24
3 22 32

P62 52 5 23
11 30 47
50 23 18
25 28 32

P63 43 61 65
90 80 76
93 61 44
51 45

十、答案

P64 47 45 80
49 43 95
29 84 70
99 72

P65 55 44 65
50 46 51
58 67 58
72 60

P66 72 60 97
60 45 61
57 52 45
49 67

P67 70 11 35
53 76 45
3 69 90
49 62

P68 84 29 83
30 23 65
80 56 45
39 67

P69 19 29 36
49 97 87
62 76 78
99 38 48

P70 52 96 70
80 85 85
94 91 80
90 51 41

P71 46 24 30
20 33 23
24 18 7
7 25 26

P72 49 39 69
54 45 52
49 66 74
47 19 44

P73 69 93
35 15
33 88

火花思维培养体系

大数加减法

火花数感分级培养

第五级

火花思维研发中心　编

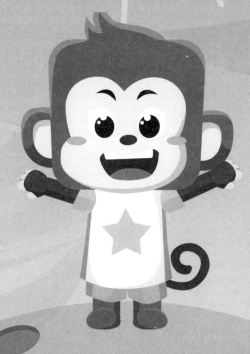

清華大学出版社
北京

版权所有，侵权必究。举报：010-62782989，beiqinquan@tup.tsinghua.edu.cn。

图书在版编目（CIP）数据

火花数感分级培养. 第五级：大数加减法 / 火花思维研发中心编. —北京：清华大学出版社，2021.1（2024.3 重印）
 ISBN 978-7-302-56635-9

Ⅰ. ①火… Ⅱ. ①火… Ⅲ. ①数学课—学前教育—教学参考资料 Ⅳ. ① G613.4

中国版本图书馆 CIP 数据核字 (2020) 第 193146 号

责任编辑：张　宇
封面设计：马术明
责任校对：赵丽敏
责任印制：宋　林

出版发行：清华大学出版社
　　　　网　　址：https://www.tup.com.cn，https://www.wqxuetang.com
　　　　地　　址：北京清华大学学研大厦 A 座　　邮　　编：100084
　　　　社 总 机：010-83470000　　邮　　购：010-62786544
　　　　投稿与读者服务：010-62776969，c-service@tup.tsinghua.edu.cn
　　　　质量反馈：010-62772015，zhiliang@tup.tsinghua.edu.cn
印 装 者：小森印刷（北京）有限公司
经　　销：全国新华书店
开　　本：185mm×260mm　　　印　张：15　　　字　数：403 千字
版　　次：2021 年 1 月第 1 版　　　　　　　　印　次：2024 年 3 月第 10 次印刷
定　　价：65.00 元（全三册）

产品编号：089685-02

目录

- 一、进退位竖式计算……………1
- 二、三位数加法竖式……………13
- 三、加法数字谜…………………17
- 四、三位数减法竖式……………23
- 五、减法数字谜…………………27
- 六、百以内的口算练习…………33
- 七、脱式计算……………………35
- 八、经典巧算……………………38
- 九、综合测试……………………50
- 十、拼图游戏……………………61
- 十一、成长记录…………………64
- 十二、答案………………………66

___月 ___日

一、进退位竖式计算

进位竖式计算（一）

算一算，写一写。

示例：

```
    7 8
+ ₁ 4 1
-------
  1 1 9
```

相同数位要对齐，哪一位满十就向前进1。

```
    4 1
+   8 2
-------
```

```
    3 6
+   9 2
-------
```

```
    8 3
+   4 6
-------
```

```
    5 2
+   6 1
-------
```

```
    7 9
+   6 0
-------
```

```
    5 4
+   8 4
-------
```

```
    6 2
+   7 7
-------
```

```
    8 1
+   6 3
-------
```

学习指引：

用竖式计算两位数的进位加法，相同数位要对齐，从个位加起，个位加个位，十位加十位。个位满10向十位进1，十位满10向百位进1，进位可以做标记。

一、进退位竖式计算

第 1 天

```
  9 3          4 1          5 6
+ 4 5        + 7 2        + 8 1
-----        -----        -----

  7 3          8 1          3 5
+ 8 4        + 6 7        + 8 2
-----        -----        -----

  7 2          6 1          8 2
+ 5 4        + 7 3        + 4 4
-----        -----        -----

  9 6          6 2
+ 6 3        + 5 3
-----        -----
```

自我评价: 用时:_____

进位竖式计算（二）

 算一算，写一写。

示例：

```
   1 2 5
+    3 8
   ─────
   1 6 3
```
(竖式中3下方有小的进位1)

相同数位要对齐，哪一位满十就向前进1。

```
   2 3 7
+    4 6
   ─────
```

```
   1 6 8
+    2 9
   ─────
```

```
   4 3 2
+    5 9
   ─────
```

```
   5 3 6
+    2 7
   ─────
```

```
   3 2 4
+    6 8
   ─────
```

```
   4 6 4
+    1 6
   ─────
```

```
   3 7 6
+    2 6
   ─────
```

```
   4 3 5
+    6 5
   ─────
```

一、进退位竖式计算

第 2 天

```
   1 8 3        2 7 6        6 2 7
+    8 7     +    3 7     +    4 8
---------    ---------    ---------


   3 2 5        4 2 6        2 5 8
+    6 9     +    7 5     +    3 9
---------    ---------    ---------


   1 9 8        2 9 6        3 2 6
+    2 3     +    4 8     +    5 9
---------    ---------    ---------


   4 6 2        3 2 6
+    7 9     +    4 5
---------    ---------
```

自我评价: 用时:_____

进位竖式计算（三）

 算一算，写一写。

示例：

```
   1 0 5
+    4 8
   ₁
   1 5 3
```

相同数位要对齐，哪一位满十就向前进1。

```
   2 0 8              4 0 7              3 0 8
+    5 3           +    2 7           +    2 7
```

```
   5 0 2              3 0 6              3 0 8
+    4 9           +    5 7           +    4 8
```

```
   2 0 7              4 0 5              5 0 3
+    4 5           +    6 9           +    6 8
```

一、进退位竖式计算

第 3 天

```
  3 6 0          4 5 2
+   5 6        +   5 0
---------      ---------
```

```
  4 3 6          4 6 4          5 2 5
+   7 0        +   4 0        +   8 0
---------      ---------      ---------
```

```
  6 1 6          3 2 0          4 5 0
+   9 0        +   9 7        +   6 3
---------      ---------      ---------
```

```
  4 6 0          5 3 0          6 7 0
+   8 2        +   9 4        +   5 6
---------      ---------      ---------
```

自我评价： 用时：_____

___月 ___日

退位竖式计算（一）

算一算，写一写。

示例：

$$\begin{array}{r} \dot{9}\ 0 \\ -\ 2\ 8 \\ \hline 6\ 2 \end{array}$$

$$\begin{array}{r} 7\ 6 \\ -\ 3\ 9 \\ \hline \end{array}$$

$$\begin{array}{r} 4\ 5 \\ -\ 2\ 7 \\ \hline \end{array}$$

$$\begin{array}{r} 7\ 3 \\ -\ 2\ 5 \\ \hline \end{array}$$

$$\begin{array}{r} 7\ 1 \\ -\ 3\ 4 \\ \hline \end{array}$$

$$\begin{array}{r} 8\ 2 \\ -\ 6\ 3 \\ \hline \end{array}$$

$$\begin{array}{r} 9\ 3 \\ -\ 4\ 6 \\ \hline \end{array}$$

$$\begin{array}{r} 7\ 3 \\ -\ 6\ 8 \\ \hline \end{array}$$

$$\begin{array}{r} 6\ 8 \\ -\ 1\ 9 \\ \hline \end{array}$$

$$\begin{array}{r} 8\ 5 \\ -\ 6\ 8 \\ \hline \end{array}$$

学习指引：

两位数减两位数，数位要对齐，从个位算起。个位不够减，从十位退1，退1当10，退位可以做标记，在十位的上面点一个点，在计算十位的时候要注意看标记点减1。

一、进退位竖式计算

```
  5 0          9 0          7 0
- 2 1        - 2 7        - 2 5
-----        -----        -----

  8 0          9 0          9 0
- 3 7        - 3 6        - 2 7
-----        -----        -----

  7 0          9 0          6 0
- 2 1        - 5 8        - 4 5
-----        -----        -----

  8 0          9 0
- 6 4        - 2 2
-----        -----
```

自我评价: 用时:_____

一、进退位竖式计算

退位竖式计算（二）

 算一算，写一写。

示例：

```
  3 4̇ 5
-   2 9
-------
  3 1 6
```

```
  1 6 5
-   3 8
```

```
  2 8 6
-   2 7
```

```
  3 4 6
-   3 7
```

```
  3 6 1
-   2 9
```

```
  4 5 2
-   2 6
```

```
  3 9 4
-   5 6
```

```
  4 3 5
-   1 9
```

```
  2 5 5
-   2 7
```

```
  1 6 6
-   3 8
```

学习指引：
用竖式计算三位数减两位数时，相同数位要对齐，个位不够减从十位退1，退1当10。十位不够减，从百位退1，退1当10。退位可以做标记，计算时有标记处少算1。

___月 ___日

第5天

$$\begin{array}{r} 271 \\ -\ \ 45 \\ \hline \end{array}$$

$$\begin{array}{r} 352 \\ -\ \ 27 \\ \hline \end{array}$$

$$\begin{array}{r} 473 \\ -\ \ 56 \\ \hline \end{array}$$

$$\begin{array}{r} 384 \\ -\ \ 46 \\ \hline \end{array}$$

$$\begin{array}{r} 295 \\ -\ \ 68 \\ \hline \end{array}$$

$$\begin{array}{r} 366 \\ -\ \ 39 \\ \hline \end{array}$$

$$\begin{array}{r} 452 \\ -\ \ 24 \\ \hline \end{array}$$

$$\begin{array}{r} 570 \\ -\ \ 54 \\ \hline \end{array}$$

$$\begin{array}{r} 681 \\ -\ \ 36 \\ \hline \end{array}$$

$$\begin{array}{r} 480 \\ -\ \ 52 \\ \hline \end{array}$$

$$\begin{array}{r} 590 \\ -\ \ 73 \\ \hline \end{array}$$

自我评价：

用时：______

退位竖式计算（三）

 算一算，写一写。

示例：

```
   4 0 7
 -   5 3
 -------
   3 5 4
```

相同数位要对齐，不够减要退位，退1当10。

```
   5 0 6          3 0 3          4 0 6
 -   6 4        -   5 2        -   6 5
```

```
   3 0 8          6 0 4          4 0 8
 -   7 5        -   5 2        -   4 3
```

```
   5 0 9          6 0 9          4 0 5
 -   6 5        -   4 7        -   5 3
```

一、进退位竖式计算

第6天

```
  5 1 0         3 2 0         3 7 0
-   7 8       -   5 6       -   6 7
---------     ---------     ---------

  2 7 0         4 9 0         6 7 0
-   5 5       -   6 9       -   3 7
---------     ---------     ---------

  3 7 0         3 7 0         5 8 0
-   3 7       -   5 4       -   4 7
---------     ---------     ---------

  6 8 0         5 4 0         3 8 0
-   5 2       -   2 3       -   6 1
---------     ---------     ---------
```

自我评价: 用时:_____

二、三位数加法竖式

（一）

 算一算，写一写。

示例：

```
   4 6 9
+  2 2₁3
-------
   6 9 2
```

```
   6 4 7
+  1 1 8
-------
```

```
   7 4 2
+  1 2 9
-------
```

第 7 天

```
   2 3 6
+  1 4 7
-------
```

```
   3 4 5
+  2 1 6
-------
```

```
   2 2 4
+  1 4 7
-------
```

```
   2 1 8
+  1 2 7
-------
```

```
   3 5 6
+  1 2 8
-------
```

```
   3 5 8
+  1 1 3
-------
```

```
   5 4 8
+  1 2 9
-------
```

学习指引：
三位数加三位数，相同数位要对齐，从个位算起。个位满10向十位进1，十位满10向百位进1，进位可以做标记。算完个位算十位，算完十位算百位，若有进位多加1。

二、三位数加法竖式

第 7 天

```
  4 1 7        3 2 5        4 3 5
+ 1 3 6      + 1 2 9      + 1 2 7
---------    ---------    ---------


  1 2 3        4 1 4        3 2 6
+ 1 3 9      + 1 3 8      + 1 2 9
---------    ---------    ---------


  5 2 8        4 3 7        5 4 7
+ 1 4 9      + 2 4 6      + 2 3 4
---------    ---------    ---------


  3 1 8
+ 1 2 5
---------
```

自我评价：   用时：_____

二、三位数加法竖式

___月___日

（二）

 算一算，写一写。

示例：

```
   3 2 6
 + 1 8 7
   ₁ ₁
 ─────────
   5 1 3
```

```
   4 3 5
 + 2 7 9
 ─────────
```

```
   4 5 7
 + 2 8 6
 ─────────
```

第8天

```
   3 6 9
 + 2 4 3
 ─────────
```

```
   2 7 8
 + 3 8 6
 ─────────
```

```
   5 6 5
 + 1 8 9
 ─────────
```

```
   4 5 9
 + 2 6 7
 ─────────
```

```
   3 8 3
 + 2 7 8
 ─────────
```

```
   4 6 2
 + 1 6 9
 ─────────
```

```
   3 5 3
 + 2 8 8
 ─────────
```

学习指引：
三位数加三位数，相同数位要对齐，从个位算起。个位满10向十位进1，进位可以做标记。十位满10向百位进1。算完个位算十位，算完十位算百位，若有进位多加1。

二、三位数加法竖式

第 8 天 ___月___日

```
  2 6 2        2 9 6        4 2 8
+ 4 7 9      + 3 2 7      + 2 9 7
---------    ---------    ---------


  5 1 9        6 3 4        3 5 5
+ 2 9 6      + 1 8 8      + 4 7 6
---------    ---------    ---------


  3 6 8        5 7 3        4 7 9
+ 2 7 5      + 2 4 8      + 3 8 6
---------    ---------    ---------


  3 9 5        3 8 2
+ 2 7 8      + 1 6 9
---------    ---------
```

自我评价: 用时:_____

三、加法数字谜

两位数加一位数（一）

 请把下面的竖式补充完整。

示例：

```
   7 □              个位： 1 +6=7            7 1
+    6         →    或  7－6= 1        →  +   6
─────                十位： 7+0= 7         ─────
   □ 7                                      7 7
```

```
  □ 2              □ 3              □ 4
+   □            +   □            +   □
─────            ─────            ─────
  5 7              6 6              5 8
```

```
  □ 5              □ 4              □ 1
+   □            +   □            +   □
─────            ─────            ─────
  7 8              6 9              9 8
```

学习指引：
先分析个位，再分析十位，可根据加减关系推算：
加数＋加数＝和

自我评价：   　　用时：_____

三、加法数字谜

两位数加一位数（二）

 请把下面的竖式补充完整。

示例：

```
  7 □              7 ⑨
+   6      →     +   6
─────            ──1──
  □ 5              8 5
```

个位：? + 6 = 5
个位相加时一定发生了进位，
即 ? + 6 = 15，所以 ? = 9

十位：7 + 1 = ?
1是个位进位时的1，
所以 ? = 8

```
  □ 5          □ 3          □ 6
+   □        +   □        +   □
─────        ─────        ─────
  7 1          6 2          8 3
```

```
  5 7          6 3          7 6
+   □        +   □        +   □
─────        ─────        ─────
  □ 4          □ 2          □ 4
```

学习指引：
先分析个位，再分析十位，可根据加减关系推算：
加数 + 加数 = 和
和 - 一个加数 = 另一个加数

自我评价：　　　　　　　　　　　用时：_____

三、加法数字谜

___月___日

两位数加两位数（一）

 请把下面的竖式补充完整。

```
  □ 2          □ 1          □ 0
+ 3 □        + 4 □        + 6 □
─────        ─────        ─────
  4 3          6 7          8 9


  6 □          4 □          7 □
+ □ 1        + □ 5        + □ 2
─────        ─────        ─────
  9 7          9 8          8 9


  4 □          3 □          2 □
+ 5 2        + 4 3        + 5 6
─────        ─────        ─────
  □ 7          □ 7          □ 8
```

第11天

三、加法数字谜

两位数加两位数（二）

请把下面的竖式补充完整。

```
  □ 6          □ 8          □ 6
+ 4 □        + 2 □        + 4 □
─────        ─────        ─────
  7 3          5 4          7 2


  6 □          7 □          4 □
+ □ 4        + □ 5        + □ 2
─────        ─────        ─────
  8 2          9 3          9 1


  4 5          6 3          7 5
+ 3 □        + 1 □        + 1 □
─────        ─────        ─────
  □ 2          □ 1          □ 4
```

___月 ___日

三、加法数字谜

三位数加两位数（一）

请把下面的竖式补充完整。

```
  □ □ 2          □ □ 2          □ □ 4
+   4 □        +   3 □        +   5 □
───────        ───────        ───────
  3 4 6          5 7 8          6 6 9
```

```
  □ 2 □          □ 4 □          □ 5 □
+   □ 5        +   □ 6        +   □ 2
───────        ───────        ───────
  3 6 8          4 8 7          5 6 7
```

```
  4 □ 3          5 □ 2          7 □ 3
+   2 □        +   4 □        +   5 □
───────        ───────        ───────
  □ 7 6          □ 5 6          □ 8 5
```

自我评价：   　　用时：_____

___月 ___日

三、加法数字谜

三位数加两位数（二）

请把下面的竖式补充完整。

```
  □ 5 □         □ 3 □         □ 4 □
+   □ 4       +   □ 4       +   □ 2
─────────     ─────────     ─────────
  4 9 2         4 5 9         5 6 1
```

```
  □ 3 2         □ 2 5         □ 5 6
+   □ 8       +   □ 6       +   □ 7
─────────     ─────────     ─────────
  3 7 □         4 5 □         6 3 □
```

```
  4 □ 8         3 □ 2         5 □ 6
+   3 □       +   3 □       +   4 □
─────────     ─────────     ─────────
  □ 2 3         □ 1 1         □ 3 3
```

自我评价： 用时：_____

四、三位数减法竖式

（一）

 算一算，写一写。

示例：

```
  7 3 2        5 7 3        4 3 0
- 3 1 8      - 2 1 6      - 3 0 8
---------    ---------    ---------
  4 1 4
```

```
  3 4 1        4 8 5        3 6 4
- 1 2 7      - 1 2 9      - 1 2 7
---------    ---------    ---------
```

```
  5 8 3        4 7 2        3 5 1
- 2 3 6      - 2 4 7      - 1 2 4
---------    ---------    ---------
```

```
  3 6 6
- 1 3 8
---------
```

学习指引：
三位数减三位数，相同数位要对齐，从个位算起。个位不够减从十位退1，退1当10，退位可以做标记。若有退位，少算1。

第15天

___月 ___日

$$\begin{array}{r} 596 \\ -257 \\ \hline \end{array} \quad \begin{array}{r} 673 \\ -138 \\ \hline \end{array} \quad \begin{array}{r} 583 \\ -147 \\ \hline \end{array}$$

$$\begin{array}{r} 692 \\ -146 \\ \hline \end{array} \quad \begin{array}{r} 764 \\ -238 \\ \hline \end{array} \quad \begin{array}{r} 695 \\ -239 \\ \hline \end{array}$$

$$\begin{array}{r} 731 \\ -216 \\ \hline \end{array} \quad \begin{array}{r} 884 \\ -149 \\ \hline \end{array} \quad \begin{array}{r} 657 \\ -128 \\ \hline \end{array}$$

$$\begin{array}{r} 782 \\ -423 \\ \hline \end{array} \quad \begin{array}{r} 362 \\ -127 \\ \hline \end{array}$$

自我评价：

用时：______

四、三位数减法竖式

___月 ___日

（二）

 算一算，写一写。

示例：

```
  3 2 7        6 3 2        6 5 3
- 1 6 8      - 2 7 3      - 2 8 5
---------    ---------    ---------
  1 5 9
```

```
  7 4 4        9 2 5        7 5 6
- 3 5 9      - 3 4 8      - 2 6 9
---------    ---------    ---------
```

第16天

```
  7 8 7        5 4 2        9 6 0
- 3 9 8      - 2 6 4      - 5 7 6
---------    ---------    ---------
```

```
  7 5 0
- 3 6 6
---------
```

学习指引：
三位数减三位数，相同数位要对齐，从个位算起。个位不够减从十位退1，十位不够减从百位退1，退位可以做标记。若有退位，少算1。

25

___月 ___日

$$\begin{array}{r} 840 \\ -257 \\ \hline \end{array} \qquad \begin{array}{r} 630 \\ -368 \\ \hline \end{array} \qquad \begin{array}{r} 603 \\ -249 \\ \hline \end{array}$$

$$\begin{array}{r} 704 \\ -356 \\ \hline \end{array} \qquad \begin{array}{r} 602 \\ -347 \\ \hline \end{array} \qquad \begin{array}{r} 708 \\ -369 \\ \hline \end{array}$$

$$\begin{array}{r} 507 \\ -269 \\ \hline \end{array} \qquad \begin{array}{r} 401 \\ -278 \\ \hline \end{array} \qquad \begin{array}{r} 604 \\ -259 \\ \hline \end{array}$$

$$\begin{array}{r} 703 \\ -468 \\ \hline \end{array} \qquad \begin{array}{r} 563 \\ -175 \\ \hline \end{array}$$

自我评价：

用时：______

___月 ___日

五、减法数字谜

两位数减一位数（一）

请把下面的竖式补充完整。

示例：

$$\begin{array}{r} \square\ 8 \\ -\quad \square \\ \hline 3\ 4 \end{array}$$

→ 个位：8 − [4] = 4
十位：[3] − 0 = 3 →

$$\begin{array}{r} \boxed{3}\ 8 \\ -\quad \boxed{4} \\ \hline 3\ 4 \end{array}$$

$$\begin{array}{r} 6\ \square \\ -\quad 3 \\ \hline \square\ 6 \end{array} \qquad \begin{array}{r} 7\ \square \\ -\quad 5 \\ \hline \square\ 3 \end{array} \qquad \begin{array}{r} 6\ \square \\ -\quad 6 \\ \hline \square\ 3 \end{array}$$

$$\begin{array}{r} 7\ \square \\ -\quad 5 \\ \hline \square\ 2 \end{array} \qquad \begin{array}{r} 8\ \square \\ -\quad 3 \\ \hline \square\ 5 \end{array} \qquad \begin{array}{r} 7\ \square \\ -\quad 2 \\ \hline \square\ 7 \end{array}$$

学习指引：
先分析个位，再分析十位，减法数字谜，
可根据加减关系推算：
被减数 − 减数 = 差
差 + 减数 = 被减数
被减数 − 差 = 减数

自我评价：

用时：______

第17天

五、减法数字谜

___月___日

两位数减一位数（二）

 请把下面的竖式补充完整。

示例：

```
   □ 1           8 1
 -   □    →   -   9
   ─────       ─────
   7 2           7 2
```

个位：1 − ? = 2
个位相减不够时，需要十位退1当10。
即 11 − ? = 2   所以 ? = 9

十位：? − 0 + 1 = 7
发生退位，计算加上1。
所以 ? = 8

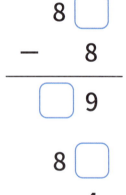

```
  7 □            6 □            8 □
-   5          -   7          -   8
─────          ─────          ─────
  □ 8            □ 9            □ 9


  6 □            7 □            8 □
-   6          -   5          -   4
─────          ─────          ─────
  □ 5            □ 6            □ 7
```

自我评价：   用时：_____

五、减法数字谜

两位数减两位数（一）

 请把下面的竖式补充完整。

```
  □ 5              □ 8              6 □
-  4 □          -  2 □          - □ 3
─────           ─────           ─────
  5 3              2 4              1 5
```

```
  7 □              8 □              9 □
- □ 3           - □ 2           - □ 7
─────           ─────           ─────
  2 6              6 5              3 2
```

```
  5 □              6 □              5 □
- □ 6           - □ 1           - □ 2
─────           ─────           ─────
  2 3              4 7              1 5
```

自我评价：   用时：_____

五、减法数字谜

两位数减两位数（二）

请把下面的竖式补充完整。

```
   5 ☐              6 ☐              7 ☐
 - ☐ 2            - ☐ 4            - ☐ 5
 ─────           ─────            ─────
   3 8              4 6              5 7


   ☐ 1              ☐ 2              ☐ 2
 - 4 ☐            - 3 ☐            - 2 ☐
 ─────           ─────            ─────
   2 4              3 5              4 8


   ☐ 4              ☐ 6              ☐ 4
 - 3 ☐            - 2 ☐            - 2 ☐
 ─────           ─────            ─────
   2 7              3 8              2 5
```

三位数减两位数（一）

请把下面的竖式补充完整。

```
  2 □ 5            6 □ 3            5 □ 7
-   3 □          -   4 □          -   3 □
─────────        ─────────        ─────────
  □ 4 2            □ 2 1            □ 2 5


  7 5 □            7 8 □            6 5 □
-   □ 2          -   □ 4          -   □ 6
─────────        ─────────        ─────────
  □ 3 4            □ 3 2            □ 1 3


  6 □ 7            7 □ 8            5 □ 7
-   2 □          -   3 □          -   2 □
─────────        ─────────        ─────────
  □ 3 1            □ 6 2            □ 4 1
```

___月___日

三、减法数字谜

三位数减两位数（二）

请把下面的竖式补充完整。

```
   2 5 ☐          3 6 ☐          5 8 ☐
 -   ☐ 5        -   ☐ 7        -   ☐ 6
 ─────────      ─────────      ─────────
   ☐ 3 5          ☐ 2 7          ☐ 4 9


   6 ☐ 3          4 ☐ 2          5 ☐ 1
 -   3 ☐        -   5 ☐        -   5 ☐
 ─────────      ─────────      ─────────
   ☐ 2 8          ☐ 0 8          ☐ 1 4


   4 ☐ 2          5 ☐ 4          6 ☐ 6
 -   7 ☐        -   3 ☐        -   7 ☐
 ─────────      ─────────      ─────────
   ☐ 1 4          ☐ 3 9          ☐ 1 8
```

___月 ___日

六、百以内的口算练习

（一）

 口算练习。

18 + 27 =   19 + 26 =   14 + 24 =

18 + 5 =   30 - 16 =   18 + 7 =

5 + 12 =   7 + 19 =   35 + 48 =

28 - 6 =   23 + 7 =   25 + 5 =

10 + 35 =   15 + 15 =   40 - 12 =

48 - 16 =   37 - 12 =   26 - 4 =

自我评价：   用时：_____

（二）

口算练习。

30+25=	34+36=	69+11=
42−19=	52−37=	61+13=
64−15=	98−24=	38+15=
98−58=	20+56=	15+27=
80−16=	31−13=	90−19=
34−26=	39+51=	41−12=

自我评价： 用时：_____

___月 ___日

七、脱式计算

（一）

算一算，写一写。

示例：

93－23+94	73－39+24	99－25+21
=70+94	=	=
=164	=	=
69+30－26	98+78－96	37+29－40
=	=	=
=	=	=
59－17+20	76－18+29	46+27－30
=	=	=
=	=	=

学习指引：

加减混合分辨清楚，一步一步计算结果。

自我评价：

用时：______

第25天

___月 ___日

(二)

算一算，写一写。

65－38+26
=
=

79+18－46
=
=

56+27－38
=
=

45+23－18
=
=

57+38－29
=
=

46+30－16
=
=

51+46－27
=
=

45－18+29
=
=

59－18+56
=
=

第26天

自我评价：

用时：______

___月 ___日

（三）

算一算，写一写。

82－22+84
=
=

20+38－10
=
=

79+19－36
=
=

77－46+32
=
=

66－24+5
=
=

37+29－17
=
=

77+56－43
=
=

59+40－27
=
=

85+43－20
=
=

第27天

自我评价：

用时：______

八、经典巧算

加法巧算——凑整十数法

 算一算，写一写。

示例：

27 + 18 + 3 + 22 = 70
　　　30　40

23 + 17 + 9 =

13 + 8 + 27 =

12 + 11 + 19 + 18 =

2 + 28 + 4 + 45 + 6 =

34 + 17 + 6 + 3 =

18 + 13 + 7 + 2 + 2 =

学习指引：
在计算连加的题目时，可以先配对凑成整十数，然后再相加，简单又快速。

八、经典巧算

___月___日

29+19+31+1=☐   43+5+17=☐

12+23+8+17=☐   7+18+3+12=☐

23+13+7+17+8=☐   36+2+24=☐

17+16+15+3+5+4=☐

自我评价: 用时:_____

第28天

___月 ___日

加法巧算——拆数凑整

算一算，写一写。

示例：

29+29+29+4= 91

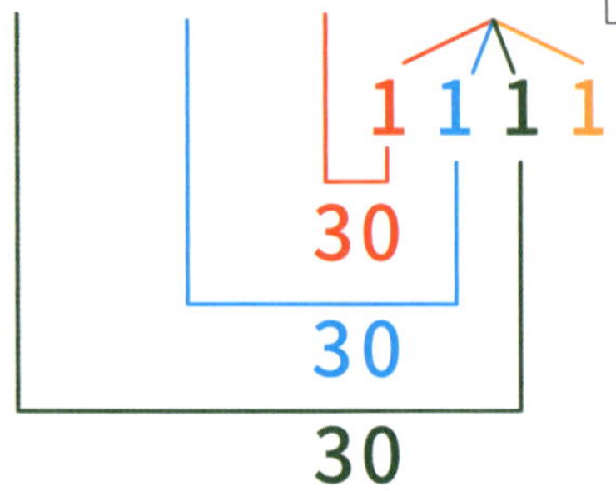

18+18+18+16=

39+19+29+3=

17+17+27+9=

38+28+8+6=

7+8+9+19=

37+18+5=

学习指引：

在计算连加的题目时，可以用拆小数补大数的凑整十数方法，凑出整十数好计算。

八、经典巧算

___月 ___日

39+18+27+6= ☐   18+17+19+29+7= ☐

8+18+28+18+8= ☐   19+19+18+4= ☐

28+18+18+6= ☐   39+29+19+3= ☐

37+9+9+9+19+4= ☐

第29天

自我评价: 用时:_____

八、经典巧算

加法巧算综合练习

 算一算，写一写。

15+4+15=☐   29+9+8+2+2=☐

27+12+33=☐   19+2+18+3+1+17=☐

34+19+19=☐   12+9+29=☐

36+7+14+13+19+1=☐

学习指引：
计算连加的题目时先观察，再分析。配对凑整和拆数凑整，哪个方法适用选哪个。

八、经典巧算

19+17+23+1=☐   37+18+5=☐

18+18+28+7=☐   24+18+28=☐

3+28+29=☐   29+38+7+7=☐

28+32+19+9+2=☐

___月 ___日

减法巧算——打包法

算一算，写一写。

示例：

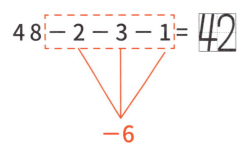

48 − 2 − 3 − 1 = 42

（−2 − 3 − 1 → −6）

27−2−2−2= □

49−1−1−1−2−2= □

34−2−1= □

47−1−8−2−19= □

18−2−1−1−1= □

45−9−8−7−1−2−3= □

学习指引：

计算连减的题目时，可以把能放在一起算的数字“打包”。

___月 ___日

25－1－2－1= □

45－13－17= □

38－2－1－2－1－2= □

39－17－2－3－8= □

23－4－6－5－5= □

41－8－7－13－2= □

28－2－2－2－1－1= □

自我评价：

用时：______

___月___日

减法巧算——同尾数法

 算一算，写一写。

示例：

46 − 12 − 16 = 18
     30

46 − 16 − 5 = ☐

54 − 23 − 14 = ☐

59 − 17 − 29 = ☐

132 − 30 − 32 = ☐

98 − 20 − 18 = ☐

87 − 10 − 37 = ☐

学习指引：
计算连减的题目时，先观察，有尾数相同的，先算同尾数的两个数。

第32天

___月 ___日

$44-2-4=\square$

$26-9-16=\square$

$32-3-22=\square$

$36-9-16=\square$

$16-3-6=\square$

$38-3-8=\square$

$83-9-33=\square$

自我评价：

用时：______

___月 ___日

减法巧算综合练习

算一算，写一写。

29－1－1－1－1－1=

73－33－20=

47－17－3－4－16=

125－2－25=

63－11－11－11=

65－6－15=

47－2－2－2－1=

38－7－8=

八、经典巧算

57－12－12－11＝☐   48－13－13－11＝☐

56－18－28＝☐   53－17－23＝☐

33－9－7－8＝☐   44－9－9－9＝☐

67－1－8－9－2－4－5－6－5＝☐

自我评价：   用时：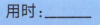

九、综合测试

（一）

（时间：50分钟 总分：120分）

1 算一算，写一写。（共32分，每题2分）

```
   4 6        3 8        4 3        3 5
+  3 8     +  4 7     +  2 9     +  4 6
———————    ———————    ———————    ———————


   6 1        8 4        9 3        7 1
-  2 3     -  6 5     -  3 7     -  2 8
———————    ———————    ———————    ———————


   4 3 6      3 2 5      3 3 8      5 1 7
+  2 1 7   +  4 2 7   +  2 5 7   +  2 3 9
—————————  —————————  —————————  —————————


   6 7 2      7 9 1      8 6 4      7 3 2
-  1 2 8   -  2 4 7   -  5 2 8   -  3 1 7
—————————  —————————  —————————  —————————
```

九、综合测试

2 请把下面的竖式补充完整。（共12分，每题1分）

$$\begin{array}{r} \square\,2 \\ +\square \\ \hline 6\,8 \end{array} \qquad \begin{array}{r} \square\,1 \\ +\square \\ \hline 5\,4 \end{array} \qquad \begin{array}{r} \square\,3 \\ +\square \\ \hline 6\,5 \end{array} \qquad \begin{array}{r} \square\,4 \\ +\square \\ \hline 7\,9 \end{array}$$

$$\begin{array}{r} \square\,2 \\ +\,4\,\square \\ \hline 7\,8 \end{array} \qquad \begin{array}{r} \square\,5 \\ +\,3\,\square \\ \hline 8\,9 \end{array} \qquad \begin{array}{r} \square\,2 \\ +\,4\,\square \\ \hline 6\,6 \end{array} \qquad \begin{array}{r} \square\,4 \\ +\,3\,\square \\ \hline 5\,7 \end{array}$$

$$\begin{array}{r} \square\,\square\,1 \\ +5\,\square \\ \hline 5\,6\,7 \end{array} \qquad \begin{array}{r} \square\,\square\,2 \\ +4\,\square \\ \hline 5\,7\,8 \end{array}$$

$$\begin{array}{r} \square\,\square\,3 \\ +5\,\square \\ \hline 8\,7\,6 \end{array} \qquad \begin{array}{r} \square\,\square\,5 \\ +6\,\square \\ \hline 9\,7\,8 \end{array}$$

第34天

九、综合测试

___月___日

3 请把下面的竖式补充完整。（共12分，每题1分）

```
  □9         □7         □6         □8
-  □        -  □        -  □        -  □
─────      ─────      ─────      ─────
  8 2        5 4        6 3        4 5


  □6         □7         □6         □9
-  4□       -  3□       -  2□       -  3□
─────      ─────      ─────      ─────
  4 2        5 1        5 4        6 5


  □□7                  □□6
-  4□                  -  5□
───────                ───────
  4 3 2                4 2 1


  □□5                  □□9
-  2□                  -  3□
───────                ───────
  4 5 3                6 3 8
```

____月 ____日

4 口算。（共20分，每题2分）

12+13=□ 27+32=□

56+43=□ 72+14=□

25+53=□ 41+26=□

68+21=□ 45+32=□

43+34=□ 56+33=□

5 脱式计算。(共36分,每题4分)

$46+27-18$ 　　$56+23-25$ 　　$49+37-24$

= 　　　　　　= 　　　　　　=

= 　　　　　　= 　　　　　　=

$58+43-56$ 　　$72+35-48$ 　　$81+16-27$

= 　　　　　　= 　　　　　　=

= 　　　　　　= 　　　　　　=

$59+24-32$ 　　$79+20-43$ 　　$65+42-37$

= 　　　　　　= 　　　　　　=

= 　　　　　　= 　　　　　　=

九、综合测试

 巧算。(共8分,每题1分)

42＋34＋6＝ ☐   35＋28＋25＝ ☐

26＋49＋5＝ ☐   53＋19＋8＝ ☐

63－14－23＝ ☐   36－1－2－3＝ ☐

58－19－18＝ ☐   46－1－1－2－1－1＝ ☐

九、综合测试

（二）

（时间：50 分钟　总分：120 分）

1 算一算，写一写。（共32分，每题2分）

```
  436        487        536        629
+  87      +  96      +  74      +  96
-----      -----      -----      -----

  723        769        647        354
+  98      +  57      +  54      +  69
-----      -----      -----      -----

  412        324        636        542
-  67      -  56      -  78      -  76
-----      -----      -----      -----

  735        527        635        421
-  76      -  49      -  57      -  53
-----      -----      -----      -----
```

九、综合测试

2 请把下面的竖式补充完整。（共12分，每题1分）

```
  □4            □3            □5            □6
+ □           + □           + □           + □
―――           ―――           ―――           ―――
 5 1           3 2           6 3           7 2


  □5            □6            □7            □9
+ 4□          + 3□          + 2□          + 3□
―――           ―――           ―――           ―――
 7 2           8 1           5 4           7 6


  □□2                    □□6
+  3□                  +  4□
―――――                  ―――――
 5 4 1                  8 6 2


  □□7                    □□3
+  5□                  +  7□
―――――                  ―――――
 6 7 1                  8 9 2
```

第35天

九、综合测试

3 请把下面的竖式补充完整。（共24分，每题2分）

```
  □2          □6          □3          □7
-  □         -  □         -  □         -  □
 ────        ────        ────        ────
  6 4         4 7         2 5         6 8


  □1          □2          □5          □3
- 4□         -2□          -4□          -3□
 ────        ────        ────        ────
  3 3         4 6         2 6         2 5


  □□2                     □□4
-  2□                    - 3□
 ──────                  ──────
 5 3 6                   4 2 5


  □□5                     □□7
-  4□                    - 3□
 ──────                  ──────
 6 2 7                   6 4 9
```

___月 ___日

 脱式计算。（共36分，每题4分）

$89+96+27$ $75+48+29$ $96-34-27$
$=$ $=$ $=$
$=$ $=$ $=$

$98-35-19$ $48+76-29$ $96+57-38$
$=$ $=$ $=$
$=$ $=$ $=$

$59+67-36$ $83+49-35$ $84-36+49$
$=$ $=$ $=$
$=$ $=$ $=$

第35天

 月 ___ 日

5 巧算。(共16分，每题2分)

78 − 35 − 28 = ☐   85 − 48 − 35 = ☐

79 − 2 − 1 − 4 − 1 − 1 = ☐   73 − 2 − 3 − 8 = ☐

3 2 + 4 9 + 9 = ☐   1 5 + 4 7 + 8 = ☐

25 + 36 + 15 + 14 = ☐   16 + 19 + 21 + 14 = ☐

自我评价： 用时：_____

十、拼图游戏

剪裁卡片,开启神秘之旅!

重组卡片，召唤神秘惊喜！

日期	用时	收获

十一、成长记录

日期	用时	收获

十一、成长记录

十二、答案

P1 　　　　123
128　129　113
139　138　139
144

P2 138　113　137
157　148　117
126　134　126
159　115

P3 　　　　　283
197　491　563
392　480　402
500

P4 270　313　675
394　501　297
221　344　385
541　371

P5 261　434　335
551　363　356
252　474　571

P6 416　502
506　504　605
706　417　513
542　624　726

P7 　　37　18
48　37　19
47　5　49
17

P8 29　63　45
43　54　63
49　32　15
16　68

P9 　　127　259
309　332　426
338　416　228
128

P10 226　325　417
338　227　327
428　516　645
428　517

P11 442　251　341
233　552　365
444　562　352

P12 432　264　303
215　421　633
333　316　533
628　517　319

P13 　　765　871
383　561　371
345　484　471
677

P14 553　454　562
262　552　455
677　683　781
443

P15 　　714　743
612　664　754
726　661　631
641

P16 741　623　725
815　822　831
643　821　865
673　551

P17

```
  ⑤2        ⑥3        ⑤4
+  ⑤      +  ③      +  ④
─────     ─────     ─────
  5 7       6 6       5 8

  ⑦5        ⑥4        ⑨1
+  3      +  ⑤      +  ⑦
─────     ─────     ─────
  7 8       6 9       9 8
```

十二、答案

P18

```
  ⑥5          5③         ⑦6
+  ⑥       +   ⑨      +   ⑦
  7 1         6 2         8 3

  5 7         6 3         7 6
+   ⑦      +   ⑨       +   ⑧
  ⑥4          ⑦2         ⑧4
```

P19

```
  ①2         ②1          ②0
+ 3①       + 4⑥        + 6⑨
  4 3        6 7          8 9

  6⑥         4③          7⑦
+ ③1       + ⑤5        + ①2
  9 7        9 8          8 9

  4⑤         3④          2②
+ 5 2       + 4 3        + 5 6
  ⑨7         ⑦7          ⑦8
```

P20

```
  ②6         ②8          ②6
+ 4⑦       + 2⑥        + 4⑥
  7 3        5 4          7 2

  6⑧         7⑧          4⑨
+ ①4       + ①5        + ④2
  8 2        9 3          9 1

  4 5        6 3          7 5
+ 3⑦      +  1⑧       +  1⑨
  ⑧2         ⑧1          ⑨4
```

P21

```
  3⓪2         5④2          6①4
+  4④       +  3⑥        +  5⑤
  3 4 6       5 7 8          6 6 9

  3 2 3       4 4 1          5 5 5
+   ④5     +   ④6        +   ①2
  3 6 8       4 8 7          5 6 7

  4 ⑤3        5 ①2          7 ③3
+   2③      +   4④        +   5②
  ④7 6        ⑤5 6          ⑦8 5
```

P22

```
  ④5⑧        ④3⑤         ⑤4⑨
+   ③4     +   ②4       +   ①2
  4 9 2      4 5 9          5 6 1

  ③3 2       ④2 5          ⑤5 6
+   ③8     +   ②6        +   ⑦7
  3 7 ⓪      4 5 ①         6 3 ③

  4⑧8         3⑦2          5⑧6
+  3⑤      +   3⑨        +  4⑦
  ⑤2 3       ④1 1          ⑥3 3
```

P23

```
357  122
214  356  237
347  225  227
228
```

P24

```
339  535  436
546  526  456
515  735  529
359  235
```

十二、答案

P25
359 368
385 577 487
389 278 384
384

P26
583 262 354
348 255 339
238 123 345
235 388

P27

```
  6 ⑨        7 ⑧        6 ⑨
-   3      -   5      -   6
  ⑥ 6        ⑦ 3        ⑥ 3

  7 ⑦        8 ⑧        7 ⑨
-   5      -   3      -   2
  ⑦ 2        ⑧ 5        ⑦ 7
```

P28

```
  7 ③        6 ⑥        8 ⑦
-   5      -   7      -   8
  ⑥ 8        ⑤ 9        ⑦ 9

  6 ①        7 ①        8 ①
-   6      -   5      -   4
  ⑤ 5        ⑥ 6        ⑦ 7
```

P29

```
  ⑨ 5        ④ 8        6 ⑧
- ④ 2      - ② ④      - ⑤ 3
  5 3        2 4        1 5

  7 ⑨        8 ⑦        9 ⑨
- ⑤ 3      - ② 2      - ⑥ 7
  2 6        6 5        3 2

  5 ⑨        6 ⑧        5 ⑦
- ③ 6      - ② 1      - ④ 2
  2 3        4 7        1 5
```

P30

```
  5 ⓪        6 ⓪        7 ②
- ① 2      - ① 4      - ① 5
  3 8        4 6        5 7

  ⑦ 1        ⑦ 2        ⑦ 2
- 4 ⑦      - 3 ⑦      - 2 ④
  2 4        3 5        4 8

  ⑥ 4        ⑥ 6        ⑤ 4
- 3 ⑦      - 2 ⑧      - 2 ⑨
  2 7        3 8        2 5
```

P31

```
  2 ⑦ 5       6 ⑥ 3       5 ⑤ 7
-   3 3     -   4 ②     -   3 ②
  ② 4 2       ⑥ 2 1       ⑤ 2 5

  7 5 ⑥       7 8 ⑥       6 5 ⑨
-   ② 2     -   ⑤ 4     -   ④ 6
  ⑦ 3 4       ⑦ 3 2       ⑥ 1 3

  6 ⑤ 7       7 ⑨ 8       5 ⑥ 7
-   2 6     -   3 6     -   2 6
  ⑥ 3 1       ⑦ 6 2       ⑤ 4 1
```

十二、答案

P32

```
  2 5 ⓪         3 6 ④         5 8 ⑤
-   ① 5       -   3 7       -   3 6
─────────    ─────────    ─────────
  ② 3 5         ③ 2 7         ⑤ 4 9

  6 ⑥ 3         4 ⑥ 2         5 ⑦ 1
-   3 ⑤       -   5 ④       -   5 ⑦
─────────    ─────────    ─────────
  ⑥ 2 8         ④ 0 8         ⑤ 1 4

  4 ⑨ 2         5 ⑦ 4         6 ⑨ 6
-   7 ⑧       -   3 ⑤       -   7 ⑧
─────────    ─────────    ─────────
  ④ 1 4         ⑤ 3 9         ⑥ 1 8
```

P33

45 45 38
23 14 25
17 26 83
22 30 30
45 30 28
32 25 22

P34

55 70 80
23 15 74
49 74 53
40 76 42
64 18 71
 8 90 29

P35

       58 95
73 80 26
62 87 43

P36

53 51 45
50 66 60
70 56 97

P37

144 48   62
 63 47   49
 90 72 108

P38

       49
48 60
85 60
42

P39

80 65
60 40
68 62
60

P40

       70
90 70
80 43
60

P41

90 90
80 60
70 90
87

P42

34 50
72 60
72 50
90

P43

60 60
71 70
60 81
90

P44

       21
42 31
17 13
15

P45

21 15
30   9
 3 11
20

P46

       25
17 13
70 60
40

P47

38   1
 7 11
 7 27
41

P48

24 20
 7 98
30 44
40 23

P49

22 11
10 13
 9 17
27

十二、答案

P50

84	85	72	81
38	19	56	43
653	752	595	756
544	544	336	415

P51

```
 ⑥2      ⑤1      ⑥3      ⑦4
+ ⑥    + 3     + 2     + ⑤
 6 8     5 4     6 5     7 9

 3 2     ⑤5      2 2     2 4
+4 ⑥   +3 ④   +4 ④   +3 ③
 7 8     8 9     6 6     5 7

 ⑤①1            ⑤③2
+  5 ⑥         +  4 ⑥
 5 6 7           5 7 8

 ⑧②3            ⑨①5
+  5 3          +  6 ③
 8 7 6           9 7 8
```

P53

25	59
99	86
78	67
89	77
77	89

P52

```
 ⑧9      ⑤7      ⑥6      ④8
-  ⑦    -  ③    -  ③    -  ③
 8 2     5 4     6 3     4 5

 ⑧6      ⑧7      ⑦6      ⑨9
-4 ④   -3 6    -2 ②   -3 ④
 4 2     5 1     5 4     6 5

 ④⑦7            ④⑦6
-  4 ⑤         -  5 ⑤
 4 3 2           4 2 1

 ④⑦5            ⑥⑥9
-  2 ②         -  3 ①
 4 5 3           6 3 8
```

P54

55	54	62
45	59	70
51	56	70

P55

82	88
80	80
26	30
21	40

P56

523	583	610	725
821	826	701	423
345	268	558	466
659	478	578	368

十二、答案

P57

```
  ④ 4         ② 3         ⑤ 5         ⑥ 6
+   ⑦       +   ⑨       +   ⑧       +   ⑥
─────       ─────       ─────       ─────
  5 1         3 2         6 3         7 2

  ② 5         ④ 6         ② 7         ③ 9
+ 4 ⑦       + 3 ⑤       + 2 ⑦       + 3 ⑦
─────       ─────       ─────       ─────
  7 2         8 1         5 4         7 6

      ⑤ ⓪ 2            ⑧ ① 6
    +   3 ⑨          +   4 ⑥
    ───────          ───────
      5 4 1            8 6 2

      ⑥ ① 7            ⑧ ① 3
    +   5 ④          +   7 ⑨
    ───────          ───────
      6 7 1            8 9 2
```

P59
212 152 35
 44   95 115
 90   97   97

P60
15   2
70   60
90   70
90   70

P58

```
  ⑦ 2         ⑤ 6         ③ 3         ⑦ 7
-   ⑧       -   ⑨       -   ⑧       -   ⑨
─────       ─────       ─────       ─────
  6 4         4 7         2 5         6 8

  ⑧ 1         ⑦ 2         ⑦ 5         ⑥ 3
- 4 ⑧       - 2 ⑥       - 4 ⑨       - 3 ⑧
─────       ─────       ─────       ─────
  3 3         4 6         2 6         2 5

      ⑤ ⑥ 2            ④ ⑥ 4
    -   2 ⑥          -   3 ⑨
    ───────          ───────
      5 3 6            4 2 5

      ⑥ ⑦ 5            ⑥ ⑧ 7
    -   4 ⑧          -   3 ⑧
    ───────          ───────
      6 2 7            6 4 9
```

火花思维培养体系

8种思维品质
12种思维能力
20种思维方法
5大知识模块
创造性
敏捷性
批判性
灵活性
深刻性
广阔性
严谨性
持续性
数感运算能力
空间想象能力
逻辑分析能力
迁移与应用能力
动手能力
记忆力
观察力
抽象能力
阅读理解能力
语言表达能力
专注力
探究能力
有序思维
分步思维
整体思维
对应思维
类比思维
排除思维
分类思维
转化思维
逆向思维
……
数感运用
图形空间
逻辑关系
生活运用
益智游戏